Herderbücherei

Band 748

Über das Buch

Die Urgemeinde in Jerusalem war Jesus noch ganz nahe. In ihr lebten die Jünger, die mit ihm nach Jerusalem hinaufgezogen waren. Nur wenige Jahre später erzählten sie von diesem Zug, den letzten Tagen Jesu in Jerusalem, der Passion und Auferstehung des Menschensohnes. Die Passionsgeschichte, das „Evangelium", das in der Urgemeinde überliefert wurde, ist daher von besonderer Authentizität. Rudolf Pesch hat es in subtiler Arbeit aus dem Markus-Evangelium rekonstruiert. Wer sich in die hier angebotenen Texte einliest, meint Augenzeuge des biblischen Geschehens zu werden. Rudolf Pesch erschließt auch den theologischen Gehalt dieses alten „Evangeliums" und gibt einen allgemeinverständlichen Einblick in seine Rekonstruktionsarbeit.

Über den Autor

Rudolf Pesch, geboren 1936 in Bonn. Studium der Katholischen Theologie, Germanistik und Geschichte an den Universitäten Bonn und Freiburg i. Br. 1964 Promotion zum Dr. phil. (neuere Geschichte). 1967 Promotion zum Dr. theol. (Neues Testament). 1969 Habilitation für das Fach Neues Testament an der Universität Innsbruck. Seit 1971 Professor für Katholische Theologie unter besonderer Berücksichtigung der Bibelwissenschaften an der Johann-Wolfgang-Goethe-Universität in Frankfurt a. M.

DAS EVANGELIUM DER URGEMEINDE

Wiederhergestellt und erläutert
von
Rudolf Pesch

Herderbücherei

Originalausgabe
erstmals veröffentlicht als Herder-Taschenbuch

Umschlaggraphik: Paul Corazolla

VERÖFFENTLICHUNGEN
DER STIFTUNG ORATIO DOMINICA

Herder Freiburg · Basel · Wien
Herstellung: Freiburger Graphische Betriebe 1979
ISBN 3-451-07748-5

Inhalt

DER TEXT

DIE REKONSTRUKTION

DIE AUSLEGUNG

Vorwort

Die Anregung zur vorliegenden Darstellung verdanke ich Herrn Dr. Theophil Herder-Dorneich, der mich nach der Lektüre des zweiten Bandes meines Kommentars zum Markusevangelium bat, meine Rekonstruktion der alten Jerusalemer Passionsgeschichte einem breiteren Leserkreis vorzustellen und als „das Evangelium der Urgemeinde" zu erschließen. Da die wissenschaftliche Begründung meiner Rekonstruktion wie meiner Auslegung im genannten Band der Reihe von „Herders theologischem Kommentar zum Neuen Testament" von jedem, der daran interessiert ist, nachgelesen werden kann, konnte ich in diesem Taschenbuch darauf verzichten, den Leser mit wissenschaftlichen Anmerkungen, Literaturangaben usw. zu behelligen. Ich tat das in der Hoffnung, der Leser werde sich um so ernsthafter und freudiger mit dem alten Dokument und seiner Botschaft beschäftigen.

Für die sorgfältige Manuskriptherstellung danke ich herzlich Frau Ute Wagner, für die Hilfe bei den Korrekturen meinem Assistenten Ferdinand Schilling.

Frankfurt a. M., im April 1979 *Rudolf Pesch*

DER TEXT

Kapitel 8 I. 1

27 Und Jesus ging hinaus mit seinen Jüngern
in die Dörfer von Cäsarea Philippi.
Und auf dem Weg fragte er seine Jünger,
sagte ihnen:
„Für wen halten mich die Menschen?"
28 Sie aber sprachen zu ihm, sagten:
„Für Johannes den Täufer,
und andere für Elija,
andere aber: ›Einer der Propheten!‹"
29 Und er selbst fragte sie:
„Ihr aber, für wen haltet ihr mich?"
Petrus antwortete, sagt ihm:
„Du bist der Christus!"
30 Und er redete ihnen ernsthaft zu,
daß sie es niemandem sagten über ihn.

I. 2

31 Und er fing an, sie zu lehren,
der Menschensohn müsse viel leiden
und von den Ältesten und den Hohenpriestern
und den Schriftgelehrten verworfen werden
und getötet werden und nach drei Tagen auferstehen.
32 Und frei heraus redete er das Wort.
Und Petrus nahm ihn beiseite,
fing an, ihn zu schelten.

33 Er aber wandte sich um und sah seine Jünger,
schalt Petrus und sagt:
„Geh hin, mir nach, Satan!
Du denkst ja nicht an die Sache Gottes,
sondern an die Sache der Menschen."

Kapitel 9 I. 3

2 Und nach sechs Tagen [Johannes mit
nimmt Jesus den Petrus und den Jakobus und den
und führt sie auf einen hohen Berg,
für sich allein.
Und er wurde vor ihnen verwandelt.
3 Und seine Kleider wurden glänzend, sehr weiß,
wie kein Walker sie auf Erden so weißen kann.
4 Und es erschien ihnen Elija mit Mose,
und sie redeten zusammen mit Jesus.
5 Und Petrus nahm das Wort,
sagt zu Jesus:
„Rabbi, trefflich ist's, daß wir hier sind!
Und wir wollen drei Hütten machen,
dir eine und Mose eine und Elija eine."
6 Er wußte nämlich nicht,
was er antworten solle;
denn sie waren in Furcht geraten.
7 Und es entstand eine Wolke, überschattete sie;
und es erging eine Stimme aus der Wolke:
„Dieser ist mein Sohn, der geliebte!
Hört auf ihn!"
8 Und unversehens, wie sie umherblickten,
sahen sie niemand mehr,
sondern nur Jesus allein bei ihnen.

II. 4

9 Und als sie vom Berg herabstiegen,
schärfte er ihnen ein,
daß sie niemandem, was sie gesehen, erzählten,
außer wenn der Menschensohn von den Toten
auferstanden sei.
10 Und sie behielten die Sache bei sich,
diskutierten,
was ›das von den Toten Auferstehen‹ sei.
11 Und sie fragten ihn, sagten:
„Warum sagen die Schriftgelehrten,
Elija müsse zuerst kommen?"
12 Er aber meinte zu ihnen:
„Elija kommt zwar zuerst,
stellt alles wieder her. – [Menschensohn,
Und wieso steht geschrieben über den
er solle viel leiden und verachtet werden?
13 Wohlan, ich sage euch:
Auch Elija ist gekommen,
und sie taten ihm, wie sie wollten,
wie geschrieben steht über ihn."

II. 5

30 Und von dort hinausgegangen,
zogen sie weiter durch Galiläa;
und er wollte nicht,
daß es jemand erführe.
31 Denn er lehrte seine Jünger
und sagte ihnen: [hände,
„Der Menschensohn wird ausgeliefert in Menschen-
und sie werden ihn töten,
und getötet wird er nach drei Tagen auferstehen."
32 Sie aber verstanden die Rede nicht;
und sie fürchteten sich, ihn zu fragen.

33 Und sie kamen nach Kafarnaum.
Und im Haus angelangt, fragte er sie:
„Was habt ihr auf dem Weg überlegt?"
34 Sie aber schwiegen;
denn sie hatten sich miteinander unterhalten auf dem
wer größer sei. [Weg,
35 Und er setzte sich, rief die Zwölf
und sagt ihnen:
„Wenn einer Erster sein will,
sei er aller Letzter und aller Diener!"

Kapitel 10

III. 7

1 Und von dort brach er auf, [Jordan.
kommt in das Gebiet von Judäa und jenseits des
Und es gesellten sich wicderum Volksscharen zu ihm.
Und wie er gewohnt war, wiederum lehrte er sie.
32 Sie waren aber auf dem Weg,
beim Zug hinauf nach Jerusalem.
Und Jesus zog ihnen voran;
und es schauderte sie.
Die Folgenden aber fürchteten sich.
Und er nahm wiederum die Zwölf mit,
fing an, ihnen zu sagen,
was ihm zustoßen werde:
33 „Siehe, wir ziehen hinauf nach Jerusalem;
und der Menschensohn wird ausgeliefert werden
den Hohenpriestern und den Schriftgelehrten,
und sie werden ihn zum Tode verurteilen
und den Heiden ausliefern;
34 und sie werden ihn verspotten
und ihn anspeien;
und sie werden ihn geißeln und töten;
und nach drei Tagen wird er auferstehen."

III. 8

46 Und sie kommen nach Jericho.
Und als er hinauszog von Jericho,
auch seine Jünger und eine beträchtliche Volksschar,
saß der Sohn des Timäus, Bartimäus,
ein blinder Bettler, am Weg.
47 Und da er hörte,
daß es Jesus, der Nazarener, sei,
fing er an, zu schreien und zu sagen:
„Sohn Davids, Jesus. erbarme dich meiner!"

48 Und es herrschten ihn viele an,
daß er schweige.
Er aber schrie noch viel mehr:
„Sohn Davids, erbarme dich meiner!"
49 Und Jesus blieb stehen, sprach:
„Ruft ihn!"
Und sie rufen den Blinden und sagen ihm:
„Faß Mut, richte dich auf!
Er ruft dich."
50 Er aber warf seinen Mantel ab,
sprang auf und kam zu Jesus.
51 Und Jesus antwortete ihm, sprach:
„Was, willst du, soll ich dir tun?"
Der Blinde aber sprach zu ihm:
„Rabbuni, daß ich wieder sehe!"
52 Und Jesus sprach zu ihm:
„Geh hin, dein Glaube hat dich gerettet!"
Und gleich sah er wieder
und folgte ihm auf dem Weg.

Kapitel 11 III. 9

1 Und als sie Jerusalem nahekommen,
nach Betfage und Betanien, an den Ölberg,
sendet er zwei seiner Jünger aus
2 und sagt ihnen:
„Geht hin in das Dorf euch gegenüber,
und gleich, wenn ihr in es hineinkommt,
werdet ihr einen Jungesel angebunden finden,
auf den sich noch nie ein Mensch gesetzt hat.
Bindet ihn los und bringt (ihn her)!
3 Und wenn jemand zu euch spricht:
›Warum tut ihr dies?‹,
sprecht:
›Sein Herr bedarf (seiner)
und gleich sendet er ihn wieder her!‹"

4 Und sie gingen fort und fanden einen Jungesel,
angebunden bei einem Tor, draußen auf der Straße.
Und sie binden ihn los.
5 Und einige der dort Stehenden sagten ihnen:
„Was tut ihr, wozu bindet ihr den Jungesel los?"
6 Sie aber sprachen zu ihnen,
wie Jesus gesprochen hatte.
Und sie ließen sie.
7 Und sie bringen den Jungesel zu Jesus;
und sie legen ihm ihre Kleider auf,
und er setzte sich auf ihn.
8 Und viele breiteten ihre Kleider auf den Weg,
andere aber Büschel, auf den Feldern geschlagen.
9 Und die Voranziehenden und die Nachfolgenden
„Hosanna! [schrien:
Gepriesen der Kommende im Namen des Herrn!
10 Gepriesen das kommende Reich unseres Vaters
Hosanna in den Höhen!" [David!
11 Und er kam hinein nach Jerusalem, in den Tempel.
Und nachdem er ringsum alles angeschaut
– es war schon späte Stunde –,
ging er hinaus nach Betanien mit den Zwölfen.

IV. 10

12 Und als sie am folgenden Tag von Betanien hinaus-
hungerte ihn. [gingen,
13 Und da er von ferne einen Feigenbaum sah,
der Blätter hatte,
ging er hin,
ob er etwas an ihm finden werde;
und da er zu ihm kam,
fand er nichts, außer Blättern.
Denn es war nicht die Feigenzeit.
14 Und er antwortete, sprach zu ihm:
„Nie mehr,
bis in Ewigkeit soll von dir niemand Frucht essen!"
Und seine Jünger hörten es.

IV. 11

15 Und sie kommen nach Jerusalem.
Und er ging hinein in den Tempel,
fing an hinauszutreiben,
die verkauften und kauften im Tempel.
16 Und er ließ nicht zu,
daß jemand ein Gerät trage durch den Tempel.
17 Und er lehrte und sagte ihnen:
„Steht nicht geschrieben:
›Mein Haus wird Gebetshaus genannt werden
für alle Völker‹?
Ihr aber hat es ›zur Räuberhöhle‹ gemacht!"
18 Und die Hohenpriester und die Schriftgelehrten
und sie suchten, [hörten es;
wie sie ihn vernichten könnten.
Denn sie fürchteten ihn; [seine Lehre.
die ganze Volksschar war nämlich außer sich über
19 Und als es spät wurde,
zogen sie hinaus, außerhalb der Stadt.

20 Und als sie in der Frühe vorbeizogen,
sahen sie den Feigenbaum
verdorrt von den Wurzeln auf.
21 Und Petrus erinnerte sich, sagt ihm:
„Rabbi, sieh,
der Feigenbaum, den du verflucht hast, ist verdorrt!“
22 Und Jesus antwortete, sagt ihnen:
„Habt Gottesglauben!
23 Amen, ich sage euch:
Wer zu diesem Berg sagt:
›Heb dich weg und wirf dich ins Meer!‹
und nicht zweifelt in seinem Herzen,
sondern glaubt, daß, was er sagt, geschieht,
ihm wird es geschehen.“

27 Und sie kommen wiederum nach Jerusalem.
Und während er im Tempel umhergeht,
kommen zu ihm die Hohenpriester
und die Schriftgelehrten und die Ältesten;
28 und sie sagten ihm:
„In welcher Vollmacht tust du diese (Dinge)?
Oder wer hat dir diese Vollmacht gegeben,
diese (Dinge) zu tun?"
29 Jesus aber sprach zu ihnen:
„Ich werde euch eine einzige Sache fragen;
und antwortet ihr mir,
werde auch ich euch sagen,
in welcher Vollmacht ich diese (Dinge) tue!
30 Die Taufe des Johannes:
War sie vom Himmel oder von Menschen?
Antwortet mir!"
31 Und sie überlegten bei sich, sagten:
„Wenn wir sagen: ›Vom Himmel!‹,
wird er sprechen:
›Warum also habt ihr ihm nicht geglaubt?‹
32 Aber sollen wir sagen: ›Von Menschen!‹?"
Sie fürchteten die Volksschar; [Propheten.
denn alle hielten den Johannes wirklich für einen
33 Und sie antworteten Jesus, sagen:
„Wir wissen es nicht!"
Und Jesus sagt ihnen:
„Ich sage euch auch nicht,
in welcher Vollmacht ich diese (Dinge) tue!"

1 Und er fing an, zu ihnen in Gleichnissen zu reden:
„Ein Mensch pflanzte einen Weinberg;
und er legte einen Zaun herum
und grub eine Kelter.
und baute einen Turm.
Und verpachtete ihn Bauern
und ging außer Landes.
2 Und er sandte zu den Bauern zur Frist einen Knecht,
damit er von den Bauern von den Früchten des
[Weinbergs erhalte.
3 Und sie packten ihn, prügelten ihn
und sandten ihn leer zurück.
4 Und wiederum sandte er zu ihnen einen anderen [Knecht.
Und jenen schlugen sie auf den Kopf
und entehrten ihn.
5 Und einen anderen sandte er.
Und jenen töteten sie.
Und viele andere –,
die einen prügelten, die anderen töteten sie.
6 Noch einen hatte er, einen geliebten Sohn.
Er sandte ihn als letzten zu ihnen, sagte:
›Meinen Sohn werden sie scheuen!‹
7 Jene Bauern aber sprachen zueinander:
›Dieser ist der Erbe!
Auf, töten wir ihn!
Und unser wird das Erbe sein!‹
8 Und sie packten, töteten ihn.
Und sie warfen ihn hinaus aus dem Weinberg.
9 Was wird nun der Herr des Weinbergs tun?
Kommen wird er und die Bauern vernichten.
Und den Weinberg wird er anderen geben!
10 Habt ihr nicht diese Schriftstelle gelesen:
›Ein Stein, den die Bauleute verwarfen,
dieser ist zum Eckstein geworden.

11 Vom Herrn her ist dies geschehen,
und wunderbar ist es in unseren Augen‹?"
12 Und sie suchten, ihn zu ergreifen,
doch sie fürchteten die Volksschar.
Denn sie merkten,
daß er auf sie hin das Gleichnis gesprochen hatte.
Und sie ließen ihn (stehen), gingen fort.

V. 15

13 Und sie senden zu ihm einige der Pharisäer und der Herodianer,
damit sie ihn durch ein Wort fingen.
14 Und sie kamen, sagen ihm:
„Lehrer, wir wissen,
daß du wahrhaftig bist
und dich um niemanden kümmerst;
denn du schaust nicht aufs Ansehen von Menschen,
sondern wahrheitsgemäß lehrst du den Weg Gottes.
Ist es erlaubt, dem Kaiser Steuer zu geben oder nicht?
Sollen wir geben oder nicht geben?"
15 Er aber kannte ihre Heuchelei, sprach zu ihnen:
„Was prüft ihr mich?
Bringt mir einen Denar, damit ich sehe!"
16 Sie aber brachten (einen);
und er sagt ihnen:
„Wessen ist dies Bild und die Aufschrift?"
Sie aber sprachen zu ihm:
„Des Kaisers!"
17 Jesus aber sprach zu ihnen:
„Was dem Kaiser gehört, gebt dem Kaiser zurück,
und was Gott gehört, Gott!"
Und sie staunten sehr über ihn.
34c Und niemand mehr wagte, ihn noch zu fragen.

VI. 16

35 Und Jesus nahm das Wort,
sagte, im Tempel lehrend:
„Wieso sagen die Schriftgelehrten,
daß der Christus Sohn Davids ist?
36 David selbst sprach im heiligen Geist:
›Es sprach der Herr zu meinem Herrn:
Sitze zu meiner Rechten,
bis ich deine Feinde unter deine Füße lege!‹
37 David selbst nennt ihn Herrn,
und woher ist er sein Sohn?"
Und das viele Volk hörte ihn gern.

VI. 17

41 Und er setzte sich gegenüber der Schatzkammer,
schaute zu,
wie die Volksschar Geld in die Schatzkammer wirft.
Und viele Reiche warfen viel (hinein).
42 Und es kam eine arme Witwe,
warf zwei Lepta (hinein),
das ist ein Quadrans.
43 Und er rief seine Jünger herbei,
sprach zu ihnen:
„Amen, ich sage euch:
Diese arme Witwe warf mehr als alle,
die in die Schatzkammer werfen.
44 Denn alle warfen aus ihrem Überfluß,
diese aber warf aus ihrer Entbehrung alles,
was sie hatte,
ihren ganzen Lebensunterhalt."

1 Und als er aus dem Tempel hinauszieht,
sagt ihm einer seiner Jünger:
„Lehrer, sieh,
was für Steine und was für Bauten!"
2 Und Jesus sprach zu ihm:
„Du siehst diese großen Bauten!
Hier wird nicht Stein auf Stein gelassen werden,
(keiner), der nicht zerstört werden wird!"

1 Es war aber das Paschafest [Tagen.
und das Fest der ungesäuerten Brote nach zwei
Und die Hohenpriester und Schriftgelehrten suchten,
wie sie ihn mit List ergreifen, töten könnten.
2 Sie sagten nämlich:
„Nicht in der Festversammlung,
sonst wird es einen Volksaufruhr geben!"

VII. 20

3 Und während er in Betanien war,
im Haus Simons des Aussätzigen,
kam, während er zu Tisch lag, eine Frau
mit einem Alabasterfläschchen voll Salböl
aus kostbarer Pistaziennarde.
Sie zerbrach das Alabasterfläschchen
und goß es über seinem Haupt aus.
4 Einige aber entrüsteten sich bei sich:
„Wozu geschah diese Vergeudung des Salböls?
5 Dieses Salböl hätte doch für über dreihundert
[Denare verkauft
und den Armen gegeben werden können!"
Und sie fuhren sie an.
6 Jesus aber sprach:
„Laßt sie!
Was bereitet ihr ihr Beschwerden?
Ein gutes Werk hat sie an mir gewirkt!
7 Denn allezeit habt ihr die Armen bei euch,
und wenn ihr wollt,
könnt ihr ihnen wohltun.
Mich aber habt ihr nicht allezeit.
8 Was sie vermochte, hat sie getan.
Sie hat vorweggenommen,
meinen Leib zum Begräbnis zu salben.

9 Amen, ich sage euch aber:
Wo immer das Evangelium verkündet wird
in der ganzen Welt,
wird auch, was diese getan hat,
erwähnt werden zu ihrem Gedächtnis."

VII. 21

10 Und Judas Iskariot, der eine der Zwölf,
war fortgegangen zu den Hohenpriestern,
um ihn ihnen auszuliefern.
11 Sie aber freuten sich, als sie es hörten,
und versprachen, ihm Geld zu geben.
Und er suchte,
wie er ihn bei günstiger Gelegenheit ausliefern
[könnte.

VIII. 22

12 Und am ersten Tag des Festes der ungesäuerten Brote,
da man das Paschalamm schlachtete,
sagen ihm seine Jünger:
„Wo sollen wir nach deinem Willen hingehen,
vorzubereiten, daß du das Pascha essen kannst?"
13 Und er sendet zwei seiner Jünger
und sagt ihnen:
„Geht hin in die Stadt!
Und es wird euch jemand begegnen,
der einen Wasserkrug trägt.
Folgt ihm!
14 Und wo er hineingeht,
sagt dem Hausherrn:
›Der Lehrer sagt:
Wo ist mein Gemach,
wo ich mit meinen Jüngern das Pascha essen kann?‹
15 Und er selbst wird ein großes Obergemach zeigen,
fertig hergerichtet.
Und dort trefft für uns die Vorbereitungen!"
16 Und die Jünger gingen hinaus
und kamen in die Stadt
und fanden es, wie er zu ihnen gesprochen hatte.
Und sie bereiteten das Paschamahl vor.

VIII. 23

17 Und als es Abend geworden war,
kommt er mit den Zwölfen.
18 Und während sie zu Tisch lagen und aßen,
sprach Jesus:
„Amen, ich sage euch:
Einer von euch wird mich ausliefern,
der mit mir ißt."

19 Sie fingen an, sich zu betrüben
und ihm zu sagen einer um den anderen:
„Doch nicht ich?"
20 Er aber sprach zu ihnen:
„Einer der Zwölf,
der mit mir in die Schüssel tunkt.
21 Der Menschensohn geht zwar dahin,
wie über ihn geschrieben steht.
Wehe aber jenem Menschen,
durch den der Menschensohn ausgeliefert wird!
Es wäre besser für ihn,
wenn jener Mensch nicht geboren wäre."

VIII. 24

22 Und während sie aßen,
nahm er Brot,
sprach den Segen,
brach und gab es ihnen
und sprach:
„Nehmt! Dies ist mein Leib!"
23 Und er nahm einen Becher,
sprach den Dank,
gab ihn ihnen;
und sie tranken alle daraus.
24 Und er sprach zu ihnen:
„Dies ist mein Bundesblut,
das vergossen wird für viele.
25 Amen, ich sage euch:
Ich werde nie mehr trinken vom Gewächs des
bis zu jenem Tage, [Weinstocks
da ich es neu trinken werde im Reich Gottes."

IX. 25

26 Und als sie (den Hymnus) gesungen hatten,
gingen sie hinaus zum Ölberg.
27 Und Jesus sagt ihnen:
„Alle werdet ihr zu Fall kommen.
Denn es steht geschrieben:
›Wenn ich den Hirten schlagen werde,
werden auch die Schafe zerstreut werden.‹
28 Aber nach meiner Auferstehung
werde ich euch voranziehen nach Galiläa."
29 Petrus aber meinte zu ihm:
„Wenn auch alle zu Fall kommen,
aber ich nicht!"
30 Und Jesus sagt ihm:
„Amen, ich sage dir:
Du wirst heute in dieser Nacht,
ehe der Hahn zweimal ruft,
dreimal mich verleugnen."
31 Er aber redete überschwenglich:
„Wenn ich zusammen mit dir sterben müßte,
nie werde ich dich verleugnen!"
Ebenso aber sagten auch alle.

IX. 26

32 Und sie kommen zu einem Landgut, des Namens
[Getsemani.
Und er sagt seinen Jüngern:
„Setzt euch hier, bis ich gebetet habe!"
33 Und er nimmt den Petrus und den Jakobus und den
[Johannes mit sich.
Und er fing an, zu erschaudern und zu zagen.
34 Und er sagt ihnen:
„Betrübt ist meine Seele zu Tode.
Bleibt hier und wacht!"

35 Und ein wenig weitergegangen, fiel er auf die Erde
und betete,
daß, wenn es möglich sei, die Stunde an ihm vorüber-
36 Und er sagte: [gehe.
„Abba, Vater,
alles ist dir möglich!
Führ diesen Becher an mir vorüber,
doch nicht, was ich will,
sondern, was du willst!"
37 Und er kommt und findet sie schlafend.
Und er sagt dem Petrus:
„Simon, du schläfst?
Vermochtest du nicht, eine Stunde zu wachen?
38 Wacht und betet,
daß ihr nicht in Versuchung kommt!
Der Geist zwar ist willig,
das Fleisch aber schwach."
39 Und wiederum fortgegangen, betete er,
indem er dasselbe Wort sprach.
40 Und wiederum gekommen, fand er sie schlafend.
Ihre Augen waren nämlich schwer.
Und sie wußten nicht,
was sie ihm antworten sollten.
41 Und er kommt zum dritten Mal und sagt ihnen:
„Ihr schlaft weiter und ruht euch aus?
Es ist genug!
Die Stunde ist gekommen.
Siehe, der Menschensohn wird ausgeliefert
in die Hände der Sünder.
42 Richtet euch auf! Gehen wir!
Siehe, der mich ausliefert, ist nahe."

43 Und gleich, während er noch redet, stellt sich Judas ein,
einer der Zwölf, [Knüppeln
und mit ihm eine Schar mit Schwertern und
von den Hohenpriestern und den Schriftgelehrten
44 Der ihn aber auslieferte, [und den Ältesten.
hatte ihnen ein Zeichen gegeben, gesagt:
„Den ich küssen werde, der ist's.
Ergreift ihn und führt ihn sicher ab!"
45 Und gekommen, gleich zu ihm herangetreten,
sagt er:
„Rabbi!"
Und er küßte ihn.
46 Sie aber legten Hand an ihn und ergriffen ihn.
47 Einer aber der Dabeistehenden zog das Schwert,
traf den Knecht des Hohenpriesters
und hieb ihm das Ohr ab.
48 Und Jesus nahm das Wort, sprach zu ihnen:
„Wie gegen einen Räuber seid ihr hinausgekommen
mit Schwertern und Knüppeln,
um mich zu verhaften!
49 Täglich war ich bei euch, im Tempel lehrend,
und ihr habt mich nicht ergriffen.
Jedoch, damit erfüllt würden die Schriften."
50 Und sie verließen ihn, flohen alle.
51 Und ein gewisser Jüngling folgte ihm nach,
umgeworfen ein Hemd auf bloßem Leib.
Und sie ergreifen ihn.
52 Er aber ließ das Hemd zurück, floh nackt.

X. 28

53 Und sie führten Jesus ab zum Hohenpriester.
Und zusammen kommen alle die Hohenpriester
und die Ältesten und die Schriftgelehrten.
54 Und Petrus war ihm von ferne gefolgt
bis hinein in den Hof des Hohenpriesters;
und er saß mit den Dienern zusammen
und wärmte sich beim Feuer.

X. 29

55 Die Hohenpriester aber und das ganze Synedrion
suchten gegen Jesus ein Zeugnis,
um ihn zum Tode verurteilen zu können;
doch fanden sie keines.
56 Denn viele bezeugten falsch gegen ihn,
doch waren die Zeugnisse nicht gleichlautend.
57 Und einige traten auf, bezeugten falsch gegen ihn,
indem sie sagten:
58 „Wir selber hörten ihn sagen:
›Ich werde niederreißen
dieses mit Händen gemachte Heiligtum
und binnen drei Tagen ein anderes,
nicht mit Händen gemachtes erbauen.‹"
59 Und nicht einmal so war ihr Zeugnis gleichlautend.
60 Und der Hohepriester stand auf, in die Mitte;
er fragte Jesus:
„Antwortest du nichts?
(Wie verhält es sich mit dem),
was diese gegen dich bezeugen?"
61 Er aber schwieg und antwortete nichts.
Wiederum fragte ihn der Hohepriester und sagt ihm:
„Du bist der Christus, der Sohn des Gepriesenen?"
62 Jesus aber sprach:
„Ich bin's,

und ihr werdet den Menschensohn sehen,
zu Rechten der Kraft Gottes sitzend
und kommend mit den Wolken des Himmels!"
63 Der Hohepriester aber zerriß seine Gewänder, sagt:
„Was brauchen wir noch Zeugen?
64 Ihr habt die Lästerung gehört!
Was dünkt euch?"
Sie alle aber verurteilten ihn,
er sei des Todes schuldig.
65 Und einige fingen an,
ihn anzuspeien und sein Gesicht zu umhüllen
und ihn (mit Fäusten) zu schlagen
und ihm zu sagen:
„Wahrsage doch!"
Und die Diener übernahmen ihn mit Backenstreichen.

X. 30

66 Und während Petrus unten im Hof ist,
kommt eine der Mägde des Hohenpriesters;
67 und da sie Petrus sich wärmen sah,
blickte sie ihn an, sagt:
„Auch du warst mit dem Nazarener zusammen,
dem Jesus!"
68 Er aber leugnete, sagte:
„Ich weiß nicht und verstehe nicht, was du meinst!"
Und er ging hinaus, draußen in den Vorhof.
(Und der Hahn rief.)
69 Und die Magd sah ihn,
fing wiederum an, zu den Umstehenden zu sagen:
„Dieser ist einer von ihnen!"
70 Er aber leugnete wiederum. [zu Petrus:
Und wenig später wiederum sagten die Umstehenden
„Wahrhaftig, du bist einer von ihnen,
du bist ja auch ein Galiläer!"

71 Er aber fing an, zu fluchen und zu schwören:
„Ich kenne diesen Menschen nicht,
den ihr meint!"
72 Und gleich, zum zweitenmal, rief der Hahn.
Und Petrus erinnerte sich an das Wort,
wie Jesus zu ihm sprach:
„Bevor der Hahn zweimal ruft,
wirst du dreimal mich verleugnen."
Und er begann zu weinen.

Kapitel 15

XI. 31

1 Und gleich in der Frühe, [Schriftgelehrten
nachdem die Hohenpriester mit den Ältesten und
und das ganze Synedrion einen Beschluß ausgefertigt
fesselten sie Jesus, führten ihn ab [hatten,
und lieferten ihn an Pilatus aus.
2 Und Pilatus fragte ihn:
„Du bist der König der Juden?"
Er aber antwortete ihm, sagt:
„Du sagst das?"
3 Und die Hohenpriester verklagten ihn heftig.
4 Pilatus aber fragte ihn wiederum, sagte:
„Antwortest du nichts?
Sieh, wessen alles sie dich verklagen!"
5 Jesus aber antwortete nichts mehr,
so daß Pilatus staunte.

XI. 32

6 Zum Fest aber ließ er ihnen (gewöhnlich) einen
den sie sich ausbaten. [Häftling frei,
7 Es war aber der Kandidat: Barabbas,
mit den Aufständischen in Haft,
die bei dem Aufstand einen Mord begangen hatten.
8 Und die Volksschar zog hinauf
und fing an zu verlangen, wie sie gewohnt waren.
9 Pilatus aber antwortete ihnen, sagte:
„Wollt ihr,
werde ich euch den König der Juden freilassen!"
10 Er hatte nämlich gemerkt, [hatten.
daß ihn die Hohenpriester aus Neid ausgeliefert
11 Die Hohenpriester aber wiegelten die Volksschar auf,
daß er ihnen lieber den Barabbas freilassen solle.

12 Pilatus aber nahm wiederum das Wort, sagte ihnen:
„Was soll ich dann mit dem tun,
den ihr den König der Juden nennt?"
13 Sie aber wiederum schrien:
„Kreuzige ihn!"
14 Pilatus aber sagte ihnen:
„Was hat er denn Böses getan?"
Sie aber schrien heftig:
„Kreuzige ihn!"
15 Pilatus aber wollte der Volksschar Genüge tun,
ließ ihnen den Barabbas frei
und lieferte Jesus,
nachdem er ihn hatte geißeln lassen,
zur Kreuzigung aus.

XI. 33

16 Die Soldaten aber führten ihn ab ins Innere des
das ist das Prätorium. [Palastes,
Und sie rufen die ganze Kohorte zusammen.
17 Und sie ziehen ihm einen Purpurmantel an
und setzten ihm einen Dornenkranz,
den sie geflochten hatten, auf.
18 Und sie fingen an, ihn zu begrüßen:
„Heil dir, König der Juden!"
19 Und sie schlugen sein Haupt mit einem Rohr
und spien ihn an;
und sie beugten die Knie, huldigten ihm.
20a Und als sie ihn verspottet hatten,
zogen sie ihm den Purpurmantel aus
und zogen ihm die eigenen Kleider an.

XII. 34

20b Und sie führen ihn hinaus,
um ihn zu kreuzigen.
21 Und sie zwingen einen Vorübergehenden,
Simon aus Kyrene, der vom Feld kommt,
den Vater von Alexander und Rufus,
daß er sein Kreuz trage.
22 Und sie bringen ihn auf die Golgota-Stätte,
das heißt übersetzt: Schädels-Stätte.
23 Und sie wollten ihm mit Myrrhe gewürzten Wein
er aber nahm (ihn) nicht. [geben;
24 Und sie kreuzigen ihn;
und sie verteilen seine Kleider,
indem sie das Los um sie werfen,
wer was nehmen solle.

XII. 35

25 Es war aber die dritte Stunde,
als sie ihn kreuzigten.
26 Und es war die Aufschrift seiner Schuld aufge-
„Der König der Juden". [schrieben:
27 Und mit ihm kreuzigen sie zwei Bandenkrieger,
einen zur Rechten und einen zu seiner Linken.
29 Und die Vorübergehenden lästerten ihn,
schüttelten ihre Häupter und sagten:
„Ha, der du den Tempel niederreißt
und in drei Tagen aufbaust:
30 Rette dich selbst!
Steig herab vom Kreuz!"
31 Desgleichen spotteten auch die Hohenpriester,
sagten zueinander mit den Schriftgelehrten:
„Andere hat er gerettet,
sich selbst kann er nicht retten!

32 Der Christus, der König Israels!
Steige er jetzt herab vom Kreuz,
damit wir sehen und glauben!" [ihn.
Und die mit ihm zusammen Gekreuzigten schmähten

XII. 36

33 Und als die sechste Stunde war, [Stunde.
ward Finsternis über das ganze Land bis zur neunten
34 Und zur neunten Stunde rief Jesus mit lautem Schrei:
„Eloi, Eloi, lema sabachthani!",
das heißt übersetzt: [lassen?"
„Mein Gott, mein Gott, wozu hast du mich ver-
35 Und einige der Dabeistehenden sagten,
da sie es hörten:
„Sieh, er ruft Elija!" [Wein,
36 Einer aber lief, füllte einen Schwamm mit saurem
steckte ihn auf ein Rohr
und wollte ihn tränken, sagte:
„Laßt uns sehen, ob Elija kommt,
ihn herunterzunehmen!"
37 Jesus aber entließ einen lauten Schrei
und hauchte (sein Leben) aus.
38 Und der Vorhang des Tempels ward gespalten in zwei,
von oben bis unten.
39 Als aber der Hauptmann,
der ihm gegenüber dabeistand, sah,
daß er so schreiend aushauchte,
sprach er:
„Wahrhaftig,
dieser Mensch war Sohn Gottes!"

XIII. 37

40 Es schauten aber auch Frauen von weitem zu,
unter ihnen sowohl Maria, die von Magdala,
und Maria, die (des) Jakobus des Kleinen,
und (des) Joses Mutter und Salome,
41 die, als er in Galiläa war, ihm folgten und ihm
als auch viele andere, [dienten,
die mit ihm nach Jerusalem heraufgezogen waren.

XIII. 38

42 Und als es schon Abend wurde,
zumal Rüsttag war, das ist Vorsabbat,
43 kam Josef, der von Arimatäa,
ein angesehener Ratsherr,
der selbst auch das Reich Gottes erwartete,
wagte es, ging hinein zu Pilatus
und erbat den Leichnam Jesu.
44 Pilatus aber wunderte sich,
ob er schon tot sei,
und ließ den Hauptmann rufen,
fragte ihn,
ob er bereits gestorben sei.
45 Und als er es vom Hauptmann erfahren hatte,
schenkte er Josef die Leiche.
46 Und er kaufte Leinwand,
nahm ihn herab,
umhüllte ihn mit der Leinwand
und legte ihn in eine Grabstätte nieder,
die aus Felsen gehauen war.
Und er wälzte (den) Stein vor die Tür des Grabes.
47 Maria aber, die von Magdala,
und Maria, die (Mutter) des Joses,
schauten, wo er bestattet war.

1 Und als der Sabbat vorüber war,
kaufen Maria, die von Magdala,
und Maria, die des Jakobus, und Salome Kräuteröle,
um hinzugehen, ihn zu salben.
2 Und sehr früh am ersten Wochentag
kommen sie zur Grabstätte,
als die Sonne aufging.
3 Und sie sagten zueinander:
„Wer wird uns den Stein von der Tür des Grabes
4 Und aufblickend schauen sie, [wegwälzen"?
daß der Stein umgewälzt ist;
er war nämlich sehr groß.
5 Und hineingegangen in das Grab,
sahen sie einen Jüngling zur Rechten sitzen,
umgeworfen einen weißen Talar.
Und sie erschauderten.
6 Er aber sagt ihnen:
„Erschaudert nicht!
Jesus sucht ihr, den Nazarener, den gekreuzigten.
Auferweckt ward er, er ist nicht hier.
Siehe, die Stätte, wo sie ihn bestattet hatten!
7 Doch geht hin, sagt seinen Jüngern und dem Petrus:
›Er zieht euch voran nach Galiläa,
dort werdet ihr ihn sehen,
wie er euch gesagt hat.‹"
8 Und hinausgegangen, flohen sie vom Grab;
denn Zittern und Entsetzen hielt sie gebannt.
Und niemandem sagten sie etwas;
denn sie fürchteten sich.

DIE REKONSTRUKTION

Die Rekonstruktion eines älteren Textes, der bei der Abfassung eines jüngeren Dokumentes benutzt, in einen umfassenderen Kontext eingearbeitet worden ist, ist ein ebenso spannendes wie schwieriges Unternehmen. Die Literaturgeschichte bietet viele, auch die biblische Literaturgeschichte bietet manche Beispiele dafür, daß Autoren ältere mündliche oder schriftliche Quellen oder gar ganze Werke bei der Abfassung ihrer neuen, meist umfassenderen Schriften benutzten. Seit mehr als hundert Jahren hat etwa die neutestamentliche Forschung sichern können, daß die Verfasser des Mattäus- und des Lukasevangeliums bei der Abfassung ihrer umfangreichen Evangelienschriften das ältere und kürzere Markusevangelium als Vorlage genommen, bearbeitet und in ihre Werke integriert haben. Sie haben dabei, wovon man sich beim Studium einer Synopse, in der die Evangelientexte zum leichten Vergleich in Spalten nebeneinandergedruckt sind, leicht überzeugen kann, eine weitere gemeinsame Quelle – unabhängig voneinander – benutzt, die vorwiegend Redematerial aus der Jesusüberlieferung enthielt, Logien (= Worte) Jesu, und die deshalb in der neutestamentlichen Wissenschaft Rede- oder Logienquelle genannt wird. Diese Quelle, eine Spruchsammlung, ist uns nicht selbständig überliefert wie das Markusevangelium, aber sie kann aus dem Vergleich der späteren Evangelien untereinander und mit dem Markusevangelium erschlossen und nach Umfang und Wortlaut mit angemessener, wenn auch nicht letzter Sicherheit rekonstruiert werden. An ihrer Rekonstruktion haben viele Forschergenerationen gearbeitet und dabei die Rekonstruktionsmethoden beständig verfeinert.

Wie mit der Logienquelle, so geht es uns auch mit dem „Evangelium der Urgemeinde", der alten Passionsgeschichte. Es ist uns nicht selbständig überliefert, vielmehr ist es als Bestandteil des Markusevangeliums auf uns gekommen; es bedurfte also seiner „Entdeckung" und Rekonstruktion. „Entdeckungen" haben immer etwas Abenteuerhaftes an sich, die Phantasie, der Spieltrieb des Forschers sind beteiligt: Könnte es so gewesen sein, oder so, warum nicht so? Textstücke werden wie Bestandteile eines Puzzles hin- und hergeschoben, ob sie wohl zueinander passen, zueinander gehörten. „Rekonstruktionen" sind Unternehmungen, bei denen es auf die wissenschaftliche Strenge ankommt, die unvoreingenommen nach allen methodischen Regeln der Wissenschaft prüft, ob sich Hypothesen nach Erwägung aller Gründe, die gegen sie ins Feld geführt werden können, halten lassen. Die Rekonstruktion des „Evangeliums der Urgemeinde", der alten, im Markusevangelium verwahrten Passionsgeschichte, geschah im Zusammenspiel von „Entdeckung" und „Rekonstruktion", über Jahre hin, in verschiedenen Anläufen, in Auseinandersetzung mit bisherigen, unbefriedigenden Rekonstruktionen, in kritischer Aufnahme vieler Anstöße bisheriger Forscherarbeit. Wie geschah die „Entdeckung" des „Evangeliums der Urgemeinde"? Wie läßt sich die vorgelegte „Rekonstruktion", der eingangs abgedruckte Text rechtfertigen?

1. Die Entdeckung

Das Markusevangelium wurde schon seit Jahrzehnten als „Passionsgeschichte mit ausführlicher Einleitung" charakterisiert. Schon am Ende des ersten Teils dieser im Vergleich mit den späteren Evangelien viel kürzeren Schrift wird nach einer Heilung Jesu am Sabbat berichtet: „Und die Pharisäer gingen hinaus, und gleich faßten sie mit den Herodianern einen Beschluß wider ihn, ihn zu vernichten" (3,6). Der Widerstand gegen den Propheten aus Nazaret, so ist angedeutet, formiert sich früh; der Schatten seiner späteren Passion fällt schon auf seine frühe Wirksamkeit. In der zweiten Hälfte des Markusevangeliums, die nach der Heilung des Blinden bei Betsaida (8,22–26) mit dem Messiasbekenntnis des Petrus auf dem Weg zu den Dörfern um Cäsarea Philippi (8,27–30) einsetzt, wird die Aufmerksamkeit des Lesers oder Hörers des Buches durch Weissagungen Jesu über sein Leiden, die Passion des Menschensohnes, immer mehr auf sein ihm drohendes Todesgeschick gespannt, das sich in Jerusalem erfüllen soll. Nach dem Schweigegebot (8,30), mit dem Jesus seinen Jüngern untersagt, seine „Messianität" öffentlich herumzureden, wird erzählt: „Und er fing an, sie zu lehren, der Menschensohn müsse viel leiden und von den Ältesten und den Hohenpriestern und den Schriftgelehrten verworfen werden und getötet werden und nach drei Tagen auferstehen. Und frei heraus redete er das Wort" (8,31–32a). Bald darauf, beim Abstieg vom Verklärungsberg stellt Jesus den drei vertrauten Jüngern, Petrus, Jakobus und Johannes, in einer Diskussion über Totenauferstehung und die Wiederkunft Elijas vor dem Ende die Frage: „Und wieso steht geschrieben über den Menschensohn, er solle viel leiden und verachtet werden?" (9,12b). Wenig später wird erzählt, daß Jesus heimlich durch Galiläa zog, daß er nicht wollte, daß es jemand erführe. Und zum zweiten Mal belehrt er seine Jünger in einer Prophetie über sein künftiges Geschick: „Der Menschensohn wird ausgeliefert in Menschenhände, und sie werden ihn töten, und getötet wird er nach drei Tagen auferstehen" (9,31). Schon auf dem Zug nach Jerusalem (10,1.32) folgt die dritte, jetzt detaillierte Weissagung der Passion des Menschensohnes: „Und er nahm wiederum die Zwölf mit, fing an, ihnen zu sagen, was ihm zustoßen werde: ›Siehe, wir ziehen hinauf nach Jerusalem; und der Menschensohn wird ausgeliefert werden den Hohenpriestern und den Schriftgelehrten, und sie werden ihn zum Tode verurteilen und den Heiden ausliefern; und sie werden ihn verspotten und ihn anspeien; und sie werden ihn geißeln und töten; und nach drei Tagen wird er auferstehen‹"

(10, 32b–34). Über die Auseinandersetzungen Jesu in Jerusalem (Kap. 11–12) und seine „Abschiedsrede", die sogenannte eschatologische Rede, die bereits über seinen Tod hinweg in die Wehen der Endzeit vorblickt (Kap. 13), wird der Hörer oder Leser des Markusevangeliums unmittelbar an die Schwelle der Passionsdarstellung geführt: „Es war aber das Paschafest und das Fest der ungesäuerten Brote nach zwei Tagen. Und die Hohenpriester und Schriftgelehrten suchten, wie sie ihn mit List ergreifen, töten könnten. Sie sagten nämlich: ›Nicht in der Festversammlung, sonst wird es einen Volksaufruhr geben!‹" (14, 1–2).

Über den Verrat des Judas Iskariot kommen die Jerusalemer Führer jetzt „mit List" zum Zug gegen Jesus (14, 10–11), nachdem sie zuvor aus Furcht vor dem Volk Jesus nicht anzutasten gewagt hatten. Nach der Provokation Jesu im Tempel heißt es: „Und die Hohenpriester und die Schriftgelehrten hörten es; und sie suchten, wie sie ihn vernichten könnten. Denn sie fürchteten ihn; die ganze Volksschar war nämlich außer sich über seine Lehre" (11, 18); und die Reaktion der Hohenpriester, Schriftgelehrten und Ältesten auf Jesu Parabel von der Ermordung des Sohnes im Weinberg ist so geschildert: „Und sie suchten, ihn zu ergreifen; doch sie fürchteten die Volksschar. Denn sie merkten, daß er auf sie hin das Gleichnis gesprochen hatte. Und sie ließen ihn (stehen), gingen fort" (12, 12).

Man kann also mit Recht sagen, das Markusevangelium sei „eine Passionsgeschichte mit ausführlicher Einleitung". Dieser Eindruck verstärkt sich, wenn man das älteste Evangelium mit den jüngeren und umfangreicheren Evangelien vergleicht. Im Mattäusevangelium finden wir die erste Anspielung auf die Passion Jesu in 12, 14 (= Mk 3, 6), die erste Leidensweissagung in 16, 21 (= Mk 8, 31), letztere also an einer Stelle, wo am Umfang gemessen das Markusevangelium, das nur 16 Kapitel umfaßt, schon zu Ende wäre. Im Lukasevangelium stoßen wir auf die erste Anspielung auf die Passion Jesu in 6, 11 (= Mk 3, 6), jedoch ist sie abgeschwächt: „Sie aber wurden von Raserei erfüllt und beredeten miteinander, was sie Jesus antun könnten"; die erste Leidensweissagung folgt in 9,22 (= Mk 8,31). Das Johannesevangelium hat zwar die Erzählung von der Tempelreinigung an den Beginn seiner Darstellung des Wirkens Jesu gerückt (2,13–22) und damit den Tod Jesu von vornherein im Blick (2,17.22), jedoch ist die Gesamterzählung nicht durch vergleichbare Passionsprophetien strukturiert. Weil das Johannesevangelium die Passion Jesu im Zusammenhang erst ab Kap. 18 (= ab Mk 14,43 ff) erzählt, hat es sogar die Ansicht befördert, die alte, von Markus vorgefundene und in sein Evangelium aufgenommene Passionsgeschichte habe ursprünglich mit dem Bericht über die Verhaftung Jesu eingesetzt.

Der Vergleich der vier Evangelien untereinander war überhaupt für die Beantwortung der Frage, welche Stoffe man für die Passionsgeschichte, die der Darstellung des Markus vorauslag, halten solle, von nachhaltigem Einfluß. Wer heute eine der gängigen Synopsen aufschlägt oder ein durch Überschriften gegliedertes Neues Testament besitzt, wird leicht feststellen können, daß Mk 14,1 = Mt 26,1 = Lk 22,1 als der Beginn der Passionsgeschichte gilt. Auch in der Liturgie der Kartage werden die Evangelien von dieser Stelle ab vorgetragen.

Jedoch, setzte die vormarkinische Passionsgeschichte auch schon oder auch erst mit Mk 14,1 ein: „Es war aber das Paschafest und das Fest der ungesäuerten Brote nach zwei Tagen. Und die Hohenpriester und Schriftgelehrten suchten, wie sie ihn mit List ergreifen, töten könnten"? Beim Versuch, diesen Vers als den Erzählanfang eines längeren Erzählzusammenhangs zu verstehen, stößt man auf erhebliche, ja fast unüberwindliche Schwierigkeiten. Machen wir uns diese Schwierigkeiten einmal exemplarisch klar, damit wir das Verfahren einer Textanalyse verstehen lernen, die nach den Möglichkeiten und Wahrscheinlichkeiten eines vorgegebenen umfangreicheren Textzusammenhangs fragt.

Mk 14,1 setzt mit einem „Zeitanschluß" ein: „Es war

aber das Paschafest und das Fest der ungesäuerten Brote nach zwei Tagen." Dieser Zeitanschluß, zumal mit den einleitenden Worten „Es war *aber* ...", wirkt auf den Leser und Hörer so, als sei ein voraufgehender Kontext, in dem von anderen Tagen die Rede war, vorausgesetzt, als werde in einem größeren Erzählzusammenhang ein bestimmtes, wichtiges Datum fixiert. Bei einem eine umfangreichere Erzählung eröffnenden Erzählanfang würde man eher eine Formulierung wie „*Und* es war ..." oder gar „Und es war zwei Tage *vor* dem Paschafest und dem Fest der ungesäuerten Brote" erwarten.

Zweitens fällt auf, daß von den Hohenpriestern gesagt wird, sie „suchten, wie sie ihn ergreifen, töten könnten", ohne daß ihr Vorhaben motiviert wird; der Leser und Hörer erfährt nicht, warum sie das wollen, und er erfährt es auch später in Mk 14,2 ff nicht. Sollte der ursprüngliche Erzähler auf jede Schilderung der Motivation des Vorhabens der Gegner Jesu verzichtet haben, seinen Lesern wesentliche Informationen vorenthalten haben?

Drittens ist bemerkenswert, daß erwähnt ist, die Hohenpriester und Schriftgelehrten hätten gesucht, „wie sie ihn *mit List* ergreifen, töten könnten". Warum „mit List"? Diese Frage des Hörers oder Lesers wird zwar in 14,2 beantwortet, aber nicht zureichend: „Sie sagten nämlich: ›Nicht in der Festversammlung, sonst wird es einen Volksaufruhr geben!‹" Diese Erklärung wirft nur weitere Fragen auf: Warum nicht in der Festversammlung? Warum wird es sonst einen Volksaufruhr geben? Auch auf solche Fragen erhält der Leser nachfolgend (14,3 ff) keine Antwort!

Viertens schließlich wird der Protagonist der Gesamterzählung, Jesus, in Mk 14,1–2 überhaupt nicht mit Namen genannt; seinen Namen lesen wir erstmals nachfolgend in 14,6. In 14,1 ist Jesus zwar mit dem Personalpronomen „ihn" gemeint, aber klar wird das erst fünf Verse später. Deutlich ist also Vorwissen beim Leser oder Hörer darüber vorausgesetzt, *von wem* erzählt wird, von wem die Erzählung handelt. Solches Vorwissen konnte im mündlichen

Vortrag natürlich dadurch gegeben sein, daß ein Erzähler seinen Hörern vorweg sagte, er werde die Passion Jesu erzählen; so müssen wir es bei vielen Einzelgeschichten, zum Beispiel Wundergeschichten, die im Markusevangelium ohne Nennung des Namens Jesu überliefert sind (vgl. z.B. Mk 1,40–45), annehmen; der Evangelist brauchte die Personalpronomina „er", „ihm", „ihn" usw. nicht durch den Namen Jesu zu ersetzen, weil durch die Aufnahme der Erzählungen in das Gesamtwerk, das „Evangelium von Jesus, dem Christus" (1,1), deutlich wurde, von wem die Rede war. Jedoch, im Erzählanfang einer umfangreicheren Erzählung vermißt man den Namen des Protagonisten.

Hinzufügen ließe sich *fünftens* noch: Wäre Mk 14,1f der Anfang der alten, Markus vorgegebenen Passionsgeschichte, so erführen wir überhaupt nicht, *wo* die Erzählung spielt. Allein wenn wir ortskundig wären, könnten wir nachfolgend aus der Ortsangabe „Betanien" (14,3) und der Sendung zweier Jünger „in die Stadt" (14,13) erschließen, daß die Passionsgeschichte in Jerusalem spielt.

Die aufgelisteten Schwierigkeiten, die sich dem Versuch, Mk 14,1–2 als Anfang der alten Passionsgeschichte zu verstehen, in den Weg stellen, bedürfen einer Erklärung. Abgewiesen werden müßte eine Erklärung, die dem Erzähler Unbedachtsamkeit, Nachlässigkeit oder gar Unvermögen unterstellen wollte; denn die Lektüre von Mk 14,3 – 16,8 erweist das Gegenteil: der Erzähler der Passionsgeschichte erzählt bedacht, gekonnt. Es bleiben nur zwei Erklärungsmöglichkeiten übrig: Entweder gehören die beiden Verse gar nicht zur ursprünglichen Passionsgeschichte, oder sie waren nicht deren Erzählanfang, der folglich vorher zu suchen wäre. Die Forscher, welche die erste Erklärungsmöglichkeit vorgezogen haben, schreiben Mk 14,1–2 als redaktionelle Bildung dem Evangelisten Markus zu und suchen den Erzählanfang der vormarkinischen Passionsgeschichte oder eines kürzeren bloßen Kreuzigungsberichtes später, in Mk 14,32 („Und sie kommen zu einem Landgut, des Namens Getsemani. Und er sagt seinen Jüngern...") oder in Mk

14,43 („Und gleich, während er noch redet, stellt sich Judas ein, einer der Zwölf ...") oder in Mk 15,1 („Und gleich in der Frühe, nachdem die Hohenpriester und Schriftgelehrten und das ganze Synedrion einen Beschluß ausgefertigt hatten, fesselten sie Jesus, führten ihn ab und lieferten ihn an Pilatus aus"). Doch stößt eine entsprechende Analyse der angegebenen Verse auf vergleichbare Schwierigkeiten, sie als Erzählanfänge zu verstehen; und überdies lassen sich in Mk 14,1–2 keine sicheren Anzeichen dafür finden, daß erst Markus diese Verse zur Verbindung ihm überlieferter Einzelstücke verfaßt haben sollte.

Die zweite Erklärungsmöglichkeit hingegen kann alle angesprochenen Schwierigkeiten lösen: „Der „Zeitanschluß" in Mk 14,1 ist höchst passend, wenn in der vormarkinischen Passionsgeschichte schon zuvor von einem mehrtägigen Aufenthalt Jesu in Jerusalem vor dem Paschafest erzählt war, wenn also die Kapitel 11 und 12 des jetzigen Markusevangeliums zur Hauptsache schon der alten Passionsgeschichte angehörten. Informationen über die Motivation des Vorhabens der Hohenpriester und Schriftgelehrten wären in diesem Fall auch dem Hörer oder Leser nicht vorenthalten, weil die in Kapitel 11–12 geschilderten Konflikte Jesu mit der Jerusalemer Obrigkeit ihr Vorhaben erklären. Warum die Hohenpriester und Schriftgelehrten Jesus „mit List" und „nicht in der Festversammlung" ergreifen wollen, wäre dem Leser ebenfalls verständlich, der bereits Mk 11,15–19 (vgl. V 18: „Und die Hohenpriester und die Schriftgelehrten hörten es; und sie suchten, wie sie ihn vernichten könnten. Denn sie fürchteten ihn; die ganze Volksschar war nämlich außer sich über seine Lehre") und Mk 12,1–12 (vgl. V 12a: „Und sie suchten, ihn zu ergreifen; doch sie fürchteten die Volksschar") gelesen hat. Daß der Name „Jesus" in 14,1–2 nicht begegnet, macht keine Schwierigkeit mehr, wenn zuvor schon von Jesus erzählt war. Und wo das erzählte Geschehen spielte, war keine Frage mehr, wenn zuvor schon vom mehrtägigen Aufenthalt Jesu in Jerusalem berichtet wurde.

Gehörte Mk 14,1–2 zur alten, vormarkinischen Passionsgeschichte, so können die beiden Verse nicht deren Erzählanfang gewesen sein; sie verweisen von sich aus auf zuvor Erzähltes, insbesondere die Stoffe der Kapitel 11 und 12 im Markusevangelium. Sie halten zur Suche nach einem früheren Erzählanfang an. Diese „Entdeckung" lädt zu einer Entdeckungsreise ein: Wo könnte die Passionsgeschichte begonnen haben?

Manche Forscher meinten, erkennen zu können, sie habe ursprünglich mit Mk 11,1–11, der Erzählung vom Einzug Jesu in Jerusalem, eingesetzt: „Und als sie Jerusalem nahekamen, nach Betfage und Betanien, an den Ölberg, sendet er zwei seiner Jünger aus und sagt ihnen..." Jedoch, auch Mk 11,1 – ohne Nennung Jesu! – verweist deutlich auf den voraufgehenden Kontext, der vom Zug Jesu und seiner Jünger nach Jerusalem, der Stadt, der sie sich nun nähern, erzählt (vgl. 10,32f); der Vers ist kein Erzählanfang eines größeren Erzählzusammenhangs. Überdies geht Mk 11,1–11 die einzige Wundergeschichte (Mk 10,46–52) im Markusevangelium voraus, die nicht in die galiläische Wirksamkeit Jesu gehört, sondern auf seinem Zug nach Jerusalem spielt; und zwar ist vom Zug Jesu über Jericho nach Jerusalem nicht nur im Rahmen dieser Wundergeschichte die Rede (V 46: „Und sie kommen nach Jericho. Und als er hinauszog von Jericho..."; V 52 Ende: „... und er folgte ihm auf dem Weg"), sondern auch in deren Mitte (V 49: „Und Jesus blieb stehen"). Diese Wundergeschichte verbindet über Mk 10,35–45, ein selbständiges, nicht kontextgebundenes Überlieferungsstück, hinweg Mk 11,1–11 mit Mk 10,32–34. Unsere Entdeckungsreise auf der Suche nach dem Beginn der vormarkinischen Passionsgeschichte führt uns also zumindest bis in das zehnte Kapitel des Markusevangeliums zurück.

War Mk 10,32–34 der Beginn? Zunächst spricht viel dafür: „Sie waren aber auf dem Weg, beim Zug hinauf nach Jerusalem. Und Jesus zog ihnen voran; und es schauderte sie. Die Folgenden aber fürchteten sich. Und er nahm wiederum die Zwölf mit, fing an, ihnen zu sagen, was ihm zustoßen werde: ›Siehe, wir ziehen hinauf nach Jerusalem; und der Menschensohn wird ausgeliefert werden den Hohenpriestern und den Schriftgelehrten, und sie werden ihn zum Tode verurteilen und den Heiden ausliefern; und sie werden ihn verspotten und ihn anspeien; und sie werden ihn geißeln und töten; und nach drei Tagen wird er auferstehen‹."

Dieser Text klingt wie eine passende Ouvertüre der Passionsgeschichte; Jesus ist zu Beginn genannt, und er sagt den Zwölfen detailliert sein Leidensgeschick voraus, das ihm nach dem Zug nach Jerusalem droht. Ich muß gestehen, die Verlockung, auf der mühseligen Entdeckungsreise hier haltzumachen, war groß; eine Zeit lang glaubte ich, in Mk 10,32–34 den Anfang der alten Passionsgeschichte wiedergefunden zu haben. Die genauere Analyse des Textes, die ergab, daß – entgegen der Annahme mancher Forscher – in den drei Versen keine markinische Bildung, sondern altes Überlieferungsgut vorliegt, konnte mich in meiner Annahme nur bestärken. Aber die Hypothese hatte eine Achillesferse, schwache Stellen. Wie 14,1 setzt auch 10,32 mit dem unselbständigen „aber", das eher Kontextbindung anzeigt, statt mit einem selbständigen „und" ein. Zwar ist Jesus alsbald im zweiten Satz genannt, aber der erste erzählt so unbestimmt „Sie waren aber auf dem Weg, beim Zug hinauf nach Jerusalem", daß sich die Frage „Wer?" nicht unterdrücken läßt. Diese Frage wird auch nachfolgend nicht geklärt. Wem („ihnen") zog Jesus voran? Wen („sie") schauderte es? Wer sind „die Folgenden"? Die Zwölf, die Jesus beiseite nimmt, sind ja von ihnen unterschieden! Auch 10,32 kann also nicht ohne Schwierigkeiten als Beginn der Passionsgeschichte verstanden werden. Der Entdeckungsreisende muß noch einmal aufbrechen.

Sofern der Zug Jesu mit seinen Jüngern nach Jerusalem bereits zu den Stoffen der vormarkinischen Passionsgeschichte gehörte, bieten sich weitere Reisenotizen in den Kapiteln 8–10 des Markusevangeliums zur Musterung an.

In 10, 1 stoßen wir gleichsam auf einen „erratischen Block", eine Reisenotiz, die einsam im umliegenden Kontext steht, einer langen Spruchreihe (9, 36–50) und einem Lehrgespräch über die Ehescheidung (10, 2–12), das zu einer vormarkinischen katechetischen Sammlung (10, 2–12.17–27.35–45) gehört haben dürfte. Die Reisenotiz 10, 1 sieht Jesus bereits auf dem Zug nach Jerusalem, auf dem Weg durch die Jordansenke nach Jericho, dem Weg der galiläischen Festpilger: „Und von dort brach er auf, kommt in das Gebiet von Judäa und jenseits des Jordan. Und es gesellten sich wiederum Volksscharen zu ihm. Und wie er gewohnt war, wiederum lehrte er sie." Dieser Vers erklärt die Fragen, welche die offene Formulierung von 10, 32 provozierte: Diejenigen, die mit Jesus nach Jerusalem hinaufziehen, sind neben den zwölf Jüngern „Volksscharen", galiläische Festpilger, die sich beim Zug durch die Jordansenke nach Jericho zu ihm gesellt haben. 10, 32 schließt sich über die Stücke der vormarkinischen katechetischen Sammlung, die Markus eingeschoben hat, hinweg vorzüglich an 10, 1 an; und da dieser Vers keine markinische Bildung ist, könnte er also zur vormarkinischen Passionsgeschichte gehört haben. Freilich kann er nicht deren Beginn gewesen sein; denn mit der Wendung „Und von dort brach er auf", in der auch Jesus nicht genannt ist, verweist er auf eine frühere Ortsangabe.

Die nächst frühere finden wir in 9, 33: „Und sie kamen nach Kafarnaum. Und im Hause angelangt, fragte er sie: ›Was habt ihr auf dem Weg überlegt?‹" Der Vers setzt nun wiederum die Schilderung eines vorherigen Unterwegsseins voraus und verweist somit auf 9, 30–32: „Und von dort hinausgegangen, zogen sie weiter durch Galiläa, und er wollte nicht, daß es jemand erführe. Denn er lehrte seine Jünger und sagte ihnen: ›Der Menschensohn wird ausgeliefert in Menschenhände, und sie werden ihn töten, und getötet, wird er nach drei Tagen auferstehen‹. Sie aber verstanden die Rede nicht; und sie fürchteten sich, ihn zu fragen." Damit stoßen wir auf unserer Entdeckungsreise also auf die zweite Leidensweissagung Jesu, freilich in einem Text, der ebenfalls nicht der Erzählanfang der Passionsgeschichte mit der Schilderung des Zuges Jesu und seiner Jünger nach Jerusalem gewesen sein kann. Denn wiederum wird Jesus nicht genannt, werden seine Jünger nicht genannt, wird mit „von dort" auf eine frühere Ortsangabe verwiesen.

Folgen wir schließlich diesem Verweis, so gelangen wir an den Beginn der zweiten Hälfte des Markusevangeliums zur Szene vom Messiasbekenntnis des Petrus bei Cäsarea Philippi (8,27–30), die mit der ersten Leidensweissagung Jesu verbunden ist (8,31–33):

„Und Jesus ging hinaus mit seinen Jüngern in die Dörfer von Cäsarea Philippi. Und auf dem Weg fragte er seine Jünger, sagte ihnen: ›Für wen halten mich die Menschen?‹ Sie aber sprachen zu ihm, sagten: ›Für Johannes den Täufer, und andere für Elija, andere aber: ›Einer der Propheten!‹ Und er selbst fragte sie: ›Ihr aber, für wen haltet ihr mich?‹ Petrus antwortete, sagt ihm: ›Du bist der Christus!‹ Und er redete ihnen ernsthaft zu, daß sie es niemandem sagten über ihn.

Und er fing an, sie zu lehren, der Menschensohn müsse viel leiden und von den Ältesten und den Hohenpriestern und den Schriftgelehrten verworfen werden und getötet werden und nach drei Tagen auferstehen..."

Sollte hier der Anfang der alten Passionsgeschichte gefunden sein? Schwierigkeiten, Mk 8,27 als Erzählanfang eines längeren Erzählzusammenhangs zu verstehen, gibt es nicht (wie sie bei Mk 10,32; 11,1 und 14,1 auftraten). Jesus und seine Jünger werden gleich im eröffnenden Satz genannt; der Aufbruch in die Dörfer von Cäsarea Philippi ist nicht auf eine frühere Lokalangabe bezogen; die erste Szene weckt keine über den Text hinausweisenden Fragen; nur die galiläische Wirksamkeit Jesu, deren Kenntnis der Erzähler bei seinen Hörern in allgemeiner Form voraussetzen mochte, scheint der größere Horizont zu sein, der impliziert, aber nicht angesprochen ist. Daß der „Christus" als „Menschensohn" leiden „muß", ist geradezu eine Themaangabe für die Passionsgeschichte. Das Stichwort „auf dem Weg" ist ein wichtiges Stichwort der Erzählung vom

Zug Jesu nach Jerusalem (vgl. 9,33f; 10,32.52). Geht man von 8,27 aus, dann fügen sich die späteren Ortsnotizen (9,30.33; 10,1.32.46; 11,1.11) zu einem Itinerar des Zuges Jesu nach Jerusalem zusammen. Einen Hinweis darauf, daß Mk 8,27–33 als Beginn der Passionsgeschichte erkennbar war, bieten auch noch die Parallelen in Mt 16,21 und Lk 9,18–22.51. Überlieferungsgeschichtlich steht die Kombination der christologischen Titel „Messias" (8,29), „Menschensohn" (8,31) und „Sohn Gottes" (9,7) auf derselben Stufe wie auf dem Höhepunkt der Passionsgeschichte in Mk 14,61f, dem Bekenntnis Jesu vor dem Synedrion. Die Passionsgeschichte erzählte also das Leiden, den Tod und die Auferweckung des Messias, Menschensohnes und Gottessohnes Jesus und deren Voraussetzungen vom Messiasbekenntnis des Petrus an über den Zug nach Jerusalem und die Jerusalemer Auseinandersetzungen Jesu. Sie ist offenbar eine erzählerische Ausfaltung des grundlegenden „Evangeliums", wie es Paulus (wohl aus Jerusalemer Tradition) der Gemeinde in Korinth überliefert hat: „Christus starb für unsere Sünden nach den Schriften und wurde begraben, und er wurde auferweckt am dritten Tag nach den Schriften und erschien dem Kephas, dann den Zwölfen" (1 Kor 15,3–5). Diese erzählerische Ausfaltung des „Evangeliums" (1 Kor 15,1f) ist das „Evangelium der Urgemeinde".

Begann es mit Mk 8,27ff? Ist unsere „Entdeckung" eine Hypothese, die sich als wahrscheinlich erweisen läßt? Und wie umfangreich war dieses „Evangelium", die alte Passionsgeschichte, wenn sie nicht erst bei Mk 10,32 oder 11,1 oder 14,1 einsetzte? Welche Stoffe der zweiten Hälfte des Markusevangeliums gehörten ihr zu?

Die „Entdeckung" muß sich in der „Rekonstruktion" bewähren, auf dem Prüfstand einer umfassenden Sichtung von Mk 8,27 – 16,8 und einer genauen Analyse der vorliegenden Texte und Textkomplexe.

Läßt sich das „Evangelium der Urgemeinde" tatsächlich noch aus der zweiten Hälfte des Markusevangeliums herausschälen? Die „Rekonstruktion", die wir im oben abgedruckten Text präsentiert haben, ist und bleibt eine hypothetische Rekonstruktion. Jedoch, diese Feststellung relativiert das Ergebnis unserer Arbeit nicht mehr als jede Rekonstruktionsarbeit jedes Historikers. Entscheidend bleibt die Frage: Wie groß ist die Wahrscheinlichkeit, wie stark sind die Wahrscheinlichkeitsgründe, die für diese „Rekonstruktion" sprechen?

2. *Die Rekonstruktion*

Der Evangelist Markus ist ein konservativer Redaktor, der die gesammelten Jesusüberlieferungen, die er in sein Evangelium aufnahm, nur selten bearbeitet, erweitert und durch Rahmenteile verbunden hat. Vergleicht man die erste Hälfte (1,1 – 8,26) seines Evangeliums mit der zweiten (8,27 – 16,8), so fällt deutlich ein Unterschied in der Kohärenz des Erzählfadens auf, der vor allem durch Orts- und Zeitangaben geknüpft wird. Während im ersten Teil der geographische und chronologische Rahmen lockerer, unübersichtlicher und nicht widerspruchsfrei erscheint, weil im ganzen einfach Einzelstücke aus der Jesusüberlieferung mit kleinen Sammlungen (z.B. einer Gleichnissammlung in Kap. 4) zusammengestellt worden sind, ist der zweite Teil, besonders dort, wo der Weg Jesu nach Jerusalem, die Tage seiner Jerusalemer Auseinandersetzungen und die Ereignisse der Passion geschildert sind, viel konsistenter. Diese Differenz spricht deutlich für unsere Annahme, daß Markus in der zweiten Evangelienhälfte im ganzen dem Faden einer ihm überlieferten Passionsgeschichte, des „Evangeliums der Urgemeinde", folgt; freilich unterbricht er diesen Faden an verschiedenen Stellen, um ihm überlieferte Einzelstücke, eine katechetische Sammlung und die eschatologische Rede einzuschieben, also weiteren Stoff der Jesusüberlieferung im Gesamtrahmen seines Werkes unterzubringen.

Neben der Differenz in der Kohärenz des Erzählfadens fällt *zweitens* die Differenz der Häufigkeit selbständiger bzw. nicht selbständiger Erzähleinheiten (Perikopen) zwischen den beiden Evangelienhälften auf. Eine selbständige Erzähleinheit ist ein in sich geschlossenes, nicht über sich hinausweisendes, den Hörer oder Leser für sich befriedigendes Erzählstück. Machen wir uns das am Beispiel einer Wundergeschichte, der Erzählung von der Heilung eines Aussätzigen (Mk 1,40–45), klar.

Die Erzähleinheit lautet:

40 Und es kommt zu ihm ein Aussätziger,
fleht ihn kniefällig an und sagt ihm:
›Wenn du willst, kannst du mich reinmachen!‹
41 Und erregt streckte er seine Hand aus,
berührte ihn und sagt ihm:
›Ich will! Werde rein!‹
42 Und gleich wich von ihm der Aussatz,
und er wurde rein.
43 Und er schnaubte ihn an
und schickte ihn gleich hinaus
44 und sagt ihm:
›Sieh zu, daß du niemand etwas sagst!
Vielmehr, geh hin und zeige dich dem Priester
und opfere für deine Reinigung,
was Mose festgesetzt hat, ihnen zum Zeugnis!‹
45 Er aber ging hinaus [verbreiten,
und begann, (eifrig zu verkündigen und) die Sache zu
(so daß er nicht mehr öffentlich in eine Stadt hinein-
[gehen konnte;
vielmehr blieb er draußen an abgelegenen Orten).
Und sie kamen zu ihm von überallher.

Die Erzählung, die vom Evangelisten Markus am Schluß wohl um die im Text eingeklammerten Passagen erweitert worden ist, setzt ohne Orts- und Zeitangabe ein, also ohne erkennbare Kontextbindung. Der Evangelist hätte sie ebensogut an eine andere Stelle seines Evangeliums rücken können. Die Erzähleinheit hat auch einen klaren Abschluß, der nach keiner Fortführung verlangt. Nach dem üblichen Gattungsmuster von Heilungswundergeschichten sind in geordneter Reihenfolge die Begegnung des Kranken mit dem Wundertäter (V 40), die Bitte um Heilung (V 40), die Heilung (V 41), die Feststellung des Heilerfolgs (V 42), eine Demonstration der Heilung (V 43–44), eine Verbreitungsnotiz und eine Notiz über den Zulauf zu Jesus (V 45) erzählt. Die Episode ist in sich geschlossen und macht keine Voraussetzungen, denen der Hörer oder Leser im vorangehenden oder im nachfolgenden Kontext nachzufragen hätte. Die Erzähleinheit steht für sich, ist selbständig.

Eine nicht selbständige Erzähleinheit, die nicht in sich geschlossen ist, sondern über sich hinausweist, haben wir schon in Mk 14, 1–2 oben kennengelernt. Wählen wir noch ein zweites Beispiel, die Erzählung von der Vollmachtsfrage (Mk 11,27–33).

Die Erzähleinheit lautet:

27 Und sie kommen wiederum nach Jerusalem.
Und während er im Tempel umhergeht,
kommen zu ihm die Hohenpriester und die Schrift-
28 und sie sagten ihm: [gelehrten und die Ältesten;
›In welcher Vollmacht tust du diese (Dinge)?
Oder wer hat dir diese Vollmacht gegeben,
diese (Dinge) zu tun?‹
29 Jesus aber sprach zu ihnen:
›Ich werde euch eine einzige Sache fragen;
und antwortet ihr mir,
werde auch ich euch sagen,
in welcher Vollmacht ich diese (Dinge) tue!
30 Die Taufe des Johannes:
War sie vom Himmel oder von Menschen?
Antwortet mir!‹
31 Und sie überlegten bei sich, sagten:
›Wenn wir sagen: Vom Himmel!,
wird er sprechen:
Warum also habt ihr ihm nicht geglaubt?

32 Aber sollen wir sagen:
Von Menschen!‹?
Sie fürchteten die Volksschar;
denn alle hielten Johannes wirklich für einen Prophe-
33 Und sie antworteten Jesus, sagten: [ten.
›Wir wissen es nicht!‹
Und Jesus sagt ihnen:
›Ich sage euch auch nicht,
in welcher Vollmacht ich diese (Dinge) tue‹!"

Gleich zu Beginn wird diese Erzähleinheit mit „wiederum" an den vorausgehenden Kontext angebunden; Jesus und seine Jünger – die nicht erneut genannt sind; vgl. 11,14.22 – waren schon einmal in Jerusalem. Die Frage der Jerusalemer Führer (V 28) spielt auf bestimmte Dinge an, die Jesus zuvor in Jerusalem getan hat; ohne die voraufgehende Erzählung von der Tempelreinigung (11,15–19) wäre unsere Erzähleinheit gar nicht verständlich. Wir kämen ins Rätseln, warum Jesus zur Rede gestellt wird. Auch der Schluß der Erzählung ist relativ offen, da keine Reaktion der Gegner Jesu erzählt wird. Sie folgt aber in 12,12, nachdem Jesus seiner ersten Antwort eine zweite in einer Parabel hinzugefügt hat. Unsere Erzähleinheit ist also in einen weiteren Kontext eingebettet, sie steht nicht für sich, ließe sich auch nicht ohne weiteres an einer anderen Stelle des Evangeliums einordnen; sie ist nicht selbständig.

Die beiden Beispiele dürften zur Genüge verdeutlichen, daß die Unterscheidung von selbständigen und nicht selbständigen Erzähleinheiten für die Rekonstruktion eines umfangreicheren Erzählzusammenhangs grundlegend ist. Während nun in der ersten Hälfte des Markusevangeliums nur wenige, im Verbund anderer Stücke tradierte nicht selbständige Erzähleinheiten begegnen (1,14f; 1,29–31.32–34.35–39; 3,1–6; 3,7–12; 4,13–20; 6,53–56), von denen jedoch nur die zweit- bis viertgenannten zusammengehören, überwiegen in der zweiten Evangelienhälfte bei weitem die nicht selbständigen Erzähleinheiten:

8,31–33; 9,9–13; 9,30–32; 9,33–35; 10,1.32–34; 10,46–52; 11,1–11; 11,12–14.15–19.20–23; 11,27–33; 12,1–12; 12,13–17; 12,35–37; 12,41–44; 13,1–2; 14,1–2.10–11; 14,12–16.17–21.22–25; 14,26–31; 14,32–42; 14,43–52; 14,53–54.55–65.66–72; 15,1–5.6–15.16–20a; 15,20b bis 24.25–32.33–39; 15,40–41.42–47; 16,1–8.

Fast alle diese nicht selbständigen Erzähleinheiten haben den Zug Jesu nach Jerusalem, seine dortigen Auseinandersetzungen und seine Passion zum Thema, sie bieten sich also dem Versuch einer Rekonstruktion der alten Passionsgeschichte ohne weiteres zur Überprüfung an. Überdies enthalten die meisten dieser nichtselbständigen Erzähleinheiten jene Orts- und Zeitangaben, die dem zweiten Evangelienteil die vom ersten unterscheidbare stärkere Kohärenz verleihen. Die im Vergleich mit unserer oben gedruckten Textrekonstruktion noch fehlenden Stücke, die als selbständige Erzähleinheiten gewertet werden können (und vor Abfassung der Passionsgeschichte auch selbständig erzählt worden sein mögen), lassen sich der Reihe der unselbständigen Erzähleinheiten leicht einfügen: 8,27–30, die Eröffnungsperikope, ist die Basis für die Anfügung von 8,31–33; 9,2–8 ist in 9,9–13 vorausgesetzt, die Verklärung auf dem Berg beim Gespräch während des Abstiegs vom Berg; der Versteil 11,34c („Und niemand mehr wagte, ihn noch zu fragen") scheint der Verbinder zwischen den Erzählungen von der Steuerfrage (12,13–17) und von Jesu messianischer Lehre im Tempel (12,35–37) gewesen zu sein (V 35 fährt fort: „Und Jesus nahm das Wort..."). 14,3–9, die Erzählung von der Salbung Jesu in Betanien, war zweifellos, wie 14,10 („war fortgegangen") zeigt, zwischen die beiden Perikopen geschachtelt, welche vom Plan der Jerusalemer Führer, Jesus mit List ergreifen zu lassen (14,1–2) und vom Verrat des Judas (14,10–11) erzählten. Ein völlig konsistenter Erzählzusammenhang entsteht, wenn wir diese wenigen, mehr oder weniger (vgl. z.B. die verbindende Zeitangabe in 9,2: „Nach sechs Tagen") selbständigen Erzähleinheiten den nichtselbständigen, kontextgebundenen hinzufügen.

Alle anderen Textstücke in Mk 8, 27–16, 8 lassen sich mit guten Gründen aus der Rekonstruktion der alten Passionsgeschichte ausschließen, weil sie nicht zu deren Thema gehören oder auf keine erkennbare Weise mit den Erzählstükken zusammengehören, die für das „Evangelium der Urgemeinde" beansprucht werden können. Die Texte, die ausgeschieden werden müssen, sind folgende: Die Spruchkette 8, 34–9, 1; die Wundergeschichte von der Heilung des epileptischen Knaben 9, 14–29; die Szene von der Aufnahme der Kinder im Namen Jesu 9, 36–37 und vom fremden Exorzisten 9, 38–41 mit der nachfolgenden Spruchkette 9, 42–50; die Debatte und die Jüngerbelehrung über die Ehescheidung 10, 2–12; die Szene von der Kindersegnung 10, 13–16; die Erzählung vom reichen Jüngling mit ihrem Anhang 10, 17–31; die Erzählung von der Zebedaidenfrage 10, 35–45; die Sprüche vom Gebet 11, 24–25; die Gespräche über die Totenauferstehung 12, 18–27 und über das erste Gebot 12, 28–34b; die Warnung vor den Schriftgelehrten 12, 38–40 und die eschatologische Rede 13, 3–37. Alle diese Materialien sind überwiegend selbständig (oder in der oben erwähnten kleinen vormarkinischen katechetischen Sammlung) überliefert worden; Markus hat sie – aus Gründen sachlicher Art, thematischer Komposition, wie mit guter Sicherheit erschließbar ist – in den Faden des „Evangeliums der Urgemeinde" eingeschoben.

Die Rekonstruktion dieses „Evangeliums" kann nun durch zahlreiche weitere Beobachtungen so weit gesichert werden, daß wir von einer großen Wahrscheinlichkeit sprechen dürfen, es wieder entdeckt zu haben.

Schauen wir uns zunächst die *Ortsangaben* noch genauer an.

Sowohl die Erzählstücke in Mk 8–10 als auch die Stücke in Mk 11–13, die sich als zur Passionsgeschichte zugehörig zeigen, sind durch kohärente Ortsangaben deutlich verbunden:

8,27: Zug in die Dörfer von Cäsarea Philippi
9,2: Auf einen hohen Berg
9,9: Abstieg vom Berg
9,30: Von dort weiter durch Galiläa
9,33: Nach Kafarnaum
10,1: Von dort Aufbruch in das Gebiet von Judäa und jenseits des Jordan
10,32: Auf dem Weg beim Zug hinauf nach Jerusalem
10,46: Ankunft in Jericho – Abreise von Jericho
11,1: Ankunft in der Nähe Jerusalems: Betfage, Betanien, am Ölberg
11,11: Hinein nach Jerusalem, in den Tempel
Hinaus nach Betanien
11,12: Hinaus von Betanien
11,15: Nach Jerusalem, in den Tempel
11,19: Hinaus aus der Stadt
11,20: (Auf dem Weg von Betanien nach Jerusalem)
11,27: Wiederum nach Jerusalem, im Tempel
12,35: Im Tempel
12,41: Der Schatzkammer gegenüber
13,1: Hinaus aus dem Tempel
14,3: In Betanien, im Haus Simons
14,13: In die Stadt
14,16: (Von Betanien) in die Stadt
14,26: Hinaus zum Ölberg
14,32: Zum Landgut Getsemani
14,53: Zum Hohenpriester
14,54: Hinein in den Hof des Hohenpriesters
14,66: Im Hof des Hohenpriesters
14,68: Hinaus in den Vorhof
15,1: Zu Pilatus
15,16: Ins Innere des Palastes, das Prätorium
15,20: Hinaus (aus der Stadt: vgl. V 21)
15,22: Auf die Golgota-Stätte
15,40: Von weitem
15,43: Zu Pilatus
15,46: In ein Grab

16,2: Zum Grab
16,5: In das Grab
16,8: Weg vom Grab

Durch diese Ortsangaben sind fast alle Erzählstücke der Passionsgeschichte miteinander verbunden; die Erzähleinheiten, die keine Ortsangaben enthalten, sind mit den je voraufgehenden oder nachfolgenden fest verbunden: 8,31–33 mit 8,27–30; 11,20–23 mit 11,12–14 (15–19); 12,1–12 mit 11,27–33; 12,13–17 mit 11,27–12,12; 14,10–11 mit 14,1–2.3–9; 14,17–21 und 14,22–25 mit 14,12–16; 14,43–52 mit 14,32–42; 14,55–65 mit 14,53–54; 15,6–15 mit 15,1–5; 15,25–32 und 33–39 mit 15,20b–24. 14,1–2 setzt die Jerusalemer Führung in Jerusalem voraus, ist überdies (wie auch andere Stücke, die keine Ortsangabe enthalten) durch die Zeitangabe in den Kontext eingebunden.

Von Mk 8,27–11,1 finden wir also in den zur Passionsgeschichte gehörigen Erzähleinheiten ein dichtes Itinerar des Zugs Jesu und seiner Jünger von den Dörfern bei Cäsarea Philippi nach Jerusalem. In 11,1–14,16 sind die Stationen des Jerusalemer Aufenthalts Jesu und seiner Jünger verzeichnet: tags in Jerusalem, im Tempel, nachts in Betanien; schließlich zum Paschamahl in der Stadt. Von 14,26–16,8 sind die Orte der Passion Jesu verzeichnet – bis zum Grab.

Die gesamte Abfolge der Ortsangaben ist konsistent, widerspruchsfrei – und in Beziehung zum dargebotenen Stoff lückenlos. Der Hörer und Leser ist im Blick auf das Itinerar und die Orte der Passion zureichend informiert.

Schaut man sich die Textstücke in Mk 8,27–13,37 an, die nicht zur Passionsgeschichte gezählt werden können, so findet man *keine* Ortsangaben in 8,34–9,1; 9,14–29; 9,36–50; 10,2–12 (außer V 10: „in das Haus"); 10,17–31 (außer unter Bezug auf V 10 in V 17: „auf einen Weg"); 10,35–45; 12,18–27; 12,28–34; 12,38–40. Der Evangelist konnte die Überlieferungen, die nicht lokalisiert waren, in den Faden der Passionsgeschichte einfügen und stärker systematisch orientiert ordnen. Eine gewisse Spannung entsteht dabei zwischen 10,1 und 10,10, da der Eindruck erweckt wird, Jesus und seine Jünger seien auf dem Zug durch das Jordantal „in das Haus" gegangen. In welches? In der Debatte über die Ehescheidung (10,2–12) diente „das Haus" als literarisches Mittel der Absonderung Jesu und seiner Jünger, die nun den Meister allein fragen können, von den Pharisäern. Es war gleichsam ein „typischer" Ort, der im neuen Erzählfaden jetzt wie ein konkreter Ort erscheint. Die Angabe in 10,17 („auf einen Weg" statt „auf den Weg" = den Pilgerweg) verrät auch, daß sie in einer vormarkinischen katechetischen Sammlung auf das imaginäre „Haus" (V 10) bezogen war, nicht vom Pilgerweg nach Jerusalem reden wollte, wo Jesus der reiche Jüngling begegnet wäre. Lokalisiert war freilich die eschatologische Rede Mk 13,3–37: auf dem Ölberg. Deshalb konnte sie Markus leicht an 13,1–2 anfügen. Da die ausgeschiedenen Textstücke überdies selbständige Erzähleinheiten sind, besteht auch von daher kein Grund anzunehmen, sie seien mit lokalisierten Stücken der Passionsgeschichte verbunden gewesen.

Die Bedeutung der vorgetragenen Beobachtungen für die Sicherung unserer Rekonstruktion des „Evangeliums der Urgemeinde" würde noch verständlicher, wenn wir die Sequenz der Ortsangaben in der ersten Hälfte des Markusevangeliums auch genauer unter die Lupe nehmen würden. Ich fasse hier nur meine Beobachtungen zusammen; der darüber hinaus interessierte Leser mag die ausführliche Darlegung in der „Einleitung" im ersten Band meines Markuskommentars (S. 19–27) nachlesen. In Mk 1,1–8,26 gewinnen Ortsangaben aus selbständigen Erzähleinheiten und vormarkinischen Sammlungen häufiger erst im vom Evangelisten geschaffenen Kontext verbindende Funktion. Die lokale Verknüpfung der Stoffe ist unterschiedlich dicht, nicht von einheitlicher lokaler Anschauung getragen, auch nicht widerspruchsfrei; Markus greift auf die lokalisierten Sammlungen (1,2–15; 1,21a.29–39; 2,15 – 3,6; die Wundergeschichtensammlung 3,7–12; 4,1.35–41; 5,1–43; 6,32–53) und lokalisierte Einzelstücke (1,16–20; 1,21b.23–28; 2,1–12; 3,20f; 6,1–6a; 7,24–31a; 7,31b–37; 8,10f; 8,22–26) zur Konstruktion eines geographischen Aufrisses der galiläischen Wirksamkeit Jesu zurück. Da überwiegend selbständige Erzähleinheiten begegnen, hatten die Ortsangaben ursprünglich nicht verbindende Funktion.

Wenden wir uns nun den *Zeitangaben* zu. Auch sie sind wichtige Indizien zur Bestimmung eines Erzählzusammenhangs, und auch die zeitliche Verknüpfung des erzählten Geschehens ist in der ersten Hälfte des Markusevangeliums weitaus lockerer als in der zweiten. Innerhalb der Passionsgeschichte zeigen sich auch deutliche Unterschiede: Die zeitliche Verknüpfung wird immer dichter, je gedrängter Geschehensabfolgen erzählt werden. Der Zug nach Jerusalem ist kaum zeitlich gegliedert, dann aber werden die Jerusalemer Tage genau gestaffelt und zuletzt die Stunden der Passion angegeben:

9,2:	Nach sechs Tagen
9,9:	(Als sie vom Berg herabstiegen)
9,33:	(Und im Haus angelangt)
10,46:	(Als er aus Jericho hinauszog)
11,1:	(Als er sich Jerusalem näherte)
11,11:	Es war schon späte Stunde
11,12:	Am folgenden Tag
11,19:	Und als es spät wurde
11,20:	In der Frühe
13,1:	(Und als er aus dem Tempel hinauszieht)
14,1:	Es war aber das Paschafest und das Fest der ungesäuerten Brote nach zwei Tagen
14,3:	(Und als er in Betanien war)
14,12:	Und am ersten Tag des Festes der ungesäuerten Brote
14,17:	Und als es Abend geworden war
14,22:	(Und während sie aßen)
14,26:	(Und als sie den Hymnus gesungen hatten)
14,41:	(Die Stunde ist gekommen)

15,1: Und gleich in der Frühe
15,25: Es war aber die dritte Stunde
15,33: Und als die sechste Stunde war, ... bis zur neunten Stunde
15,34: Und zur neunten Stunde
15,42: Und als es schon Abend wurde, zumal Rüsttag war
16,1: Und als der Sabbat vorüber war
16,2: Und sehr früh am ersten Wochentag..., als die Sonne aufging

Bei einer Bewertung der Zeitangaben ist zu beachten, daß die zeitliche Gliederung eines Textes auch durch Temporalsätze (wie durch einige Klammern oben angedeutet ist), durch die Abfolge der Ortsangaben und die Verkettung des erzählten Geschehens überhaupt erreicht wird. Zieht man dies alles mit in Betracht, so läßt sich das ab 10,46 erzählte Geschehen genau nach Tagen und Tageszeiten einordnen, sofern man, was leicht ist, die entsprechenden Daten korreliert. Wir spulen die zeitliche Abfolge, um den Vorgang der Rekonstruktion zu verdeutlichen, vom Ende, dem Ostersonntag, her auf:

Erster Wochentag = Sonntag in der Morgenfrühe: Gang der Frauen zum Grab
Nach Ende des Sabbats = Samstagabend: Kauf der Kräuteröle durch die Frauen
Sabbat = Freitagabend bis Samstagabend: Ruhetag
Rüsttag = Freitag: Todestag Jesu (Paschafesttag)
Gegen Abend: Begräbnis Jesu
Neunte Stunde (ca. 15 Uhr): Tod Jesu
Sechste bis neunte Stunde (ca. 12–15 Uhr): Finsternis
Dritte Stunde (ca. 9 Uhr): Kreuzigung Jesu
Morgenfrühe: Prozeß vor Pilatus
Während der Nacht: Verhaftung Jesu und Verhandlung vor dem Synedrion
Nach Mitternacht: Gang nach Getsemani
Von Abend bis Mitternacht: Paschamahl

Erster Tag des Festes der ungesäuerten Brote = Donnerstag: Vorbereitung des Paschamahls

Mittwoch (zwei Tage vor Paschafest): Salbung in Betanien, Judasverrat

Dienstag: Jesus zum dritten Mal in Jerusalem (Mk 11,27–13,2)

Frühmorgens: Der verdorrte Feigenbaum auf dem Weg von Betanien nach Jerusalem

Montag: Abends: Weggang von der Stadt

Jesus zum zweiten Mal in Jerusalem: Tempelreinigung

Auf dem Weg nach Jerusalem: Verfluchung des Feigenbaums

Sonntag: Abends: Gang nach Betanien

Einzug Jesu in Jerusalem

Zug von Jericho nach Jerusalem

Frühmorgens: Heilung des Bartimäus in Jericho

Sabbat: Ruhetag in Jericho

Freitag: Ankunft in Jericho

Donnerstag: Auf dem Weg nach Jericho

Von Mk 10,46 bis 16,8 spannt sich also ein fester chronologischer Zusammenhang, während die Materialien der Passionsgeschichte aus Mk 8,27–10,34 chronologisch nicht genauer fixiert sind. Der kundige Leser wird für den Zug von Kafarnaum bis Jericho mehrere Tage veranschlagen, die Zeit vom Zug in die Umgebung von Cäsarea Philippi bis zur Einkehr in Kafarnaum ist aufgrund der in Mk 9,2 genannten sechs Tage gedehnter vorzustellen.

In der ersten Hälfte des Markusevangeliums finden sich fast gar keine kohärenten zeitlichen Verbindungen (Ausnahme: 1,21a.32.35 und 2,23; 3,6 in vormarkinisch verbundenen Traditionen); deshalb kann auch nicht der Evangelist Markus für die zeitliche Verknüpfung der Materialien verantwortlich gemacht werden, die nach unserer Rekonstruktion zur vormarkinischen Passionsgeschichte gehörten.

Neben den Orts- und Zeitangaben und im Zusammenspiel mit diesen bietet auch *die Verkettung der erzählten Geschehensfolgen* (in überwiegend nicht selbständigen Erzähleinheiten) ein wichtiges Kriterium zur Rekonstruktion des „Evangeliums der Urgemeinde". Drei Geschehensfolgen sind in unterschiedlicher Dichte (analog zur Dichte von Orts- und Zeitangaben) verkettet: Von der Verhaftung Jesu bis zur Auferstehungsverkündigung im leeren Grab (14,43–16,8); von der Planung der Vernichtung Jesu bis zu seiner Verhaftung (14,1–42); vom Zug Jesu nach Jerusalem bis zur Planung seines Todes (ab 8,27, unterbrochen durch die von Markus eingeschobenen Überlieferungen, bis 14,1). In der ersten Folge läßt sich noch einmal unterscheiden: Ab 10,32 ist eine klare, zur Passion hinleitende Verkettung von Geschehensfolgen festzustellen: Zug zum Leiden in Jerusalem (10,32–34), Ankunft in Jericho (10,46a), Heilung beim Aufbruch von Jericho (10,46b–52), Annäherung an Jerusalem und Einzug in die Stadt (11,1–11); danach in den nächsten Tagen die Auseinandersetzungen in der Stadt, welche die Gegner die Vernichtung Jesu planen lassen.

Die Geschehensfolge ab 8,27 leitet zu 10,32 hin: Zug Jesu und seiner Jünger in die Dörfer von Cäsarea Philippi; Messiasbekenntnis und Leidensankündigung (8,27–33); nach sechs Tagen Verklärung (9,2–13); heimlicher Zug durch Galiläa (mit wiederholter Leidensankündigung 9,30–35); Zug nach Judäa und Transjordanien, unterwegs nach Jerusalem (10,1.32).

Eine vergleichbar konsistente Verkettung von Geschehensfolgen findet sich in der ersten Hälfte des Markusevangeliums auch nur dort, wo Markus zusammenhängende vormarkinische Traditionen bietet (etwa 1,21–39).

Ein auffälliger Tatbestand ist sodann, daß sich über das gesamte Material hin, das nach unserer Rekonstruktion zur Passionsgeschichte gehörte, *die Dreiergliederung* als Kompositionsprinzip erkennen läßt: Drei Leidens- und Auferstehungsweissagungen (in I. 1, II. 5, III. 7 = 8,31; 9,31; 10,33f); drei Regionen werden beim Zug nach Jerusalem erwähnt (in I. 1, II. 5, III. 7 = 8,27; 9,30; 10,1); drei Orte finden dabei Erwähnung (in: I. 1, II. 6, III. 8 = 8,27; 9,33; 10,46); dreimal kommt Jesus nach Jerusalem und in den Tempel (in III. 9, IV. 11, V. 13 = 11,11.25.27); dreimal verläßt er die Stadt und den Tempel (in III. 9, IV. 11, V. 18 = 11,11.19; 13,1), er hält sich also drei Tage in Jerusalem auf; dreimal wird das feindselige Verhalten der Gegner notiert (in IV. 11, V. 14, VII. 19 = 11,18; 12,12; 14,1); drei apokalyptische Amen-Worte Jesu sind zitiert (in IV. 12, VI. 17, VII. 20 = 11,23; 12,43; 14,9), drei passionsbezogene Amen-Worte (in VIII. 23.24, IX. 25 = 14,18.25.30), drei Menschensohnworte (in VIII. 23, IX. 26, X. 29 = 14,21.40.62); drei Stundenangaben stehen im Kreuzigungsbericht (in XII. 35.36 = 15,25.33.34), drei Stundenangaben im Schlußteil (XIII. 38.39 = 15,42; 16,1.2); wir finden drei Judas-Perikopen (VII. 21, VIII. 23, IX. 27), drei Verspottungsszenen (X. 29, XI. 33, XII. 35), drei Frauenlisten (XIII. 37.38.39 = 15,40.47; 16,1). Ferner sind zu nennen: der dreimalige Gebetsgang Jesu in Getsemani (14,32–42); die dreimalige Verleugnung Jesu durch Petrus (14,66–72; vgl. die Ankündigung in 14,30); die dreimalige Rede des Hohenpriesters im Verhör Jesu (14,55–65); der dreifache Gesprächsgang in der Barabbas-Erzählung (15,6–15); das dreimalige Vorkommen von „König der Juden" im Munde des Pilatus (15,2.9.12); die dreimalige Verspottung Jesu als „König der Juden (bzw. Israels)" (15,18.26.32). Beachtet werden darf schließlich: Wir finden drei Schachtelkompositionen zu Beginn der großen Dreiereinheiten IV–VI, VII–IX und X–XII.

Ein vergleichbares Kompositionsprinzip läßt sich in der ersten Hälfte des Markusevangeliums nicht entdecken.

Wichtige zusätzliche Kriterien zur Rekonstruktion eines Erzählzusammenhangs sind auch Angaben über Personen, Personenkreise und Namen sowie christologische Titel, die in den Materialien unserer Rekonstruktion in auffälliger Häufung und thematischer Dichte begegnen:

Nur im Zusammenhang der Passion Jesu treten *die Hohenpriester,* meist zusammen mit *den Ältesten* und/oder *Schriftgelehrten* auf; ihre Erwähnung verbindet die Materialien um 8,31; 10,33; 11,18.27; 14,1.43.53; 15,1.10.31. Hinzu kommen die Texte, die von *dem (amtierenden) Hohenpriester* reden und sein Personal erwähnen: 14,53.54.60.61.63.65.66.

Im Vergleich mit dem übrigen Stoff des Markusevangeliums begegnen im Material der Passionsgeschichte auch auffällig viele *Personennamen:* Bartimäus (10,46), Simon der Aussätzige (14,3), Judas Iskariot (14,10.43), Pilatus (15,1.2.5.9.12.15.44.45), Barabbas (15,7.11.15), Simon von Kyrene mit Alexander und Rufus (15,21), Maria von Magdala, Maria des kleinen Jakobus, des Joses Mutter, Salome (15,40.47; 16,1). Erwähnung verdienen auch: Die bewaffnete Schar (14,43), der Jüngling (14,51), die Diener des Hohenpriesters (14,54.65), das Synedrion (14,55; 15,1), die Magd, Umstehende (14,66.69.70), Aufrührer (15,7), Soldaten (15,16), zwei Bandenkrieger (15,27), der Centurio (15,39.44). Innerhalb der Passionsgeschichte tritt neben Judas auch Petrus unter den Zwölfen besonders hervor: 8,29.32.33; 9,2 (mit Jakobus und Johannes); 9,5; 11,21; 14,29.33 (mit Jakobus und Johannes); 14,37; 15,54.66–72; 16,7. (Vgl. im übrigen Mk-Stoff: Simon: 1,16.29.36; Petrus: 3,16; 5,37; 10,28). Ähnlich ist es mit den Zwölfen: 9,35; 10,32; 11,11; 14,10.14.17.20.43 (sonst nur: 3,14; 4,10; 6,7). Beachtung verdient auch die Nennung des Elija (9,11–13; 15,35–36) und Jesu als des „Nazareners" (10,47; 14,67; 16,6), die sonst im Markusevangelium nicht vorkommen. *Der christologische Titel Menschensohn* begegnet in 8,31; 9,9.12.31; 10,33; 14,21.41.62, sonst nur in 2,10.28; 8,38; 10,45 und 13,26. Der Titel Davidssohn findet sich nur in den Stoffen der Passionsgeschichte (10,47.48; 12,35.37).

Alle diese Beobachtungen sind geeignet, unsere Rekonstruktion des „Evangeliums der Urgemeinde" mit zu stützen. Hinzu kommen noch *stilistische und vokabelstatistische Indizien,* die wir hier nicht ausführlich ausbreiten wollen. Beispielhaft seien genannt: Die Anrede Jesu mit „Rabbi" in 9,5; 10,51; 11,21; 14,45; die Häufigkeit von Übersetzungen: 10,46; 12,42; 15,22.34.42; die Verwendung des Verbs „anfangen" in 8,31.32; 10,32.47; 11,15; 12,1; 14,19.33.69.71; 15,8.18.

Es würde viel zu weit führen und den Leser über Gebühr ermüden, wollten wir die Materialien unserer Rekonstruktion Vers um Vers durchgehen und im Blick auf die Indizien ihrer Zugehörigkeit zur Passionsgeschichte analysieren. (Der interessierte Leser sei auf den zweiten Band meines Markuskommentars verwiesen, wo zu jeder Perikope die entsprechenden Beobachtungen zusammengetragen sind). Doch kann hier das Verfahren der Analyse wenigstens an *einem* Vers, dem Eröffnungsvers 8,27 gezeigt werden:

„Und Jesus ging hinaus mit seinen Jüngern in die Dörfer von Cäsarea Philippi. Und auf dem Weg fragte er seine Jünger, sagte ihnen: ›Für wen halten mich die Menschen?‹"

Die Nennung zweier Personen oder Gruppen nach einer Singularform des Verbs (wörtlich: „Und Jesus ging hinaus und seine Jünger") begegnet im Markusevangelium nur noch zweimal, und zwar im Material der Passionsgeschichte (9,4; 10,46). Die Wendung „auf dem Weg" ist für die Materialien der Passionsgeschichte charakteristisch (vgl. 9,33f; 10,32.52; anders in der Rede in 8,3). Daß Jesus seine Jünger etwas fragt, kommt unter Verwendung des Verbs *eperotao* (statt *lego* oder *erotao)* nur noch in der Wiederholung 8,29 und in 9,33 vor. Die dichte Aufeinanderfolge der Nennung der Jünger (statt des Personalpronomens bei der Wiederholung) begegnet nur noch in 14,12f. Vier von den fünf Belegen der Redeeinführung mit dem Partizip von *legein* (sagen) + Dativ des Personalpronomens nach der finiten Verbform von *eperotao* (fragen) finden sich im Material der Passionsgeschichte (8,27; 9,11; 14,60; 15,4; sonst nur 12,18). Nehmen wir die Ortsangabe noch hinzu, so liefert uns dieser einzelne Vers allein sechs Indizien (unterschiedlich starker Beweiskraft), die für seine Zugehörigkeit zu unserer Rekonstruktion sprechen.

Im Vergleich mit dem Rest des Markusevangeliums erweist sich auch *die „Weissagung" künftigen Geschehens* als Erzählzusammenhänge ordnende und Geschehensfolgen motivierende Stilfigur für die Passionsgeschichte als charakteristisch (vgl. 8,31; 9,12.31; 10,33f; 11,2f; 14,13f. 18.20f.27f.30.41f).

Ausführlicher Würdigung bedarf schließlich noch der Faden der deutlich erkennbaren alttestamentlichen Substruktur der Passionsgeschichte, der durch Anspielungen auf die Leidenspsalmen bzw. Zitate aus ihnen hergestellt ist; diese Substruktur prägt die theologische Sicht der ganzen Erzählung, die von den Verfolgungsleiden und dem Tod *des Gerechten*, des Menschensohns, erzählen will, nach Ausweis der Schrift Israels ein gottgewolltes Geschick.

Zwei Drittel des Materials der Passionsgeschichte ist durch Anspielungen bzw. Zitationen von *passio iusti*-Motiven (Motiven aus den Psalmen, die vom Leiden des Gerechten handeln) mitgeprägt. Ausgenommen sind nur die Textstücke, deren Erzählinhalt Allusionen an die *passio iusti*-Traditionen nicht erlaubt: 8,27–30; 9,2–8.33–35; 10,46–52; 11,12–14.15–19.20–23.27–33; 12,13–17.34c. 35–37.41–44; 14,12–16; 15,42–47. Beachtung verdient allerdings, daß in diesen Texten häufig andere alttestamentliche Texte in Anspielung und/oder Zitat eine Rolle spielen.

Wir gehen der Reihe nach die einzelnen Psalmen durch und geben an, in welchen Textstücken der Passionsgeschichte sie zitiert sind, auf sie angespielt ist oder sein kann.

Ps 22: in 8,31–33 (V 11), 9,9–13 (VV 6.25), 10,32–34 (VV 7–9), 14,32–42 (V 7), 14,53f (V 17), 15,16–20a (VV 7–9), 15,20a–24 (VV 16.19), 15,25–32 (VV 7–9), 15,33–39 (VV 2f.6.9.16.25);

Ps 27: in 14,32–42 (V 2), 14,55–65 (V 12), 15,33–39 (VV 7.9);

Ps 31: in 8,31–33 (V 9), 10,32–34 (V 12), 14,10f (V 19), 14,26–31 (V 12), 14,32–42 (VV 10.23), 14,43–52 (V 12), 14,53f (V 14), 14,55–65 (V 19), 14,66–72 (V 12), 15,16–20a (V 12), 15,25–32 (V 12), 15,33–39 (V 23), 16,1–8 (V 23);

Ps 34: in 8,31–33 (V 20), 15,33–39 (VV 7.18), 16,1–8 (VV 8.23);

Ps 35: in 10,32–34 (VV 15f), 14,55–65 (V 11), 15,16–20a (VV 15f), 15,25–32 (VV 21.25);

Ps 36: in 14,1–2 (V 4), 14,32–42 (V 12), 14,55–65 (V 12);

Ps 37: in 8,31–33 (V 39), 10,32–34 (V 18), 14,1–2 (V 32), 14,32–42 (VV 32f), 14,43–52 (VV 15f), 14,55–65 (VV 12.32);

Ps 38: in 14,26–31 (V 12), 14,32–42 (VV 12f), 14,43–52 (V 12), 14,53–54 (V 12), 14,55–65 (VV 13–15), 14,66–72 (V 12), 15,1–5 (VV 14f.21), 15,6–15 (VV 20f), 15,40–41 (V 12);

Ps 39: in 10,32–34 (V 9), 14,55–65 (V 10), 15,1–5 (V 10);

Ps 40: in 8,31–33 (V 13), 14,1–2 (VV 6–9), 15,25–32 (V 16);

Ps 41: in 14,3–9 (VV 2.11f), 14,10–11 (VV 3.8.10), 14,17–21 (VV 3.6.10), 14,43–52 (V 7), 16,1–8 (VV 9.11f);

Ps 42: in 10,32–34 (V 11), 14,32–42 (VV 6.9f.12), 15,16–20a (V 11), 15,25–32 (V 11);

Ps 43: in 14,1–2 (V 1), 14,10–11 (V 2), 14,32–42 (V 5);

Ps 54: in 8,31–33 (V 7), 14,1–2 (V 5), 14,43–54 (V 5);

Ps 55: in 14,10–11 (VV 12–15.23), 14,17–21 (VV 13–15), 14,32–42 (VV 4–6), 14,43–52 (VV 13–15);

Ps 69: in 8,31–33 (V 17), 9,9–13 (V 33), 10,32–34 (VV 8.10f.20f), 14,32–34 (V 14), 15,16–20a (VV 8.10f.20f), 15,20a–24 (V 22), 15,25–32 (VV 8.10), 15,33–39 (VV 4.22);

Ps 71: in 8,31–33 (V 20), 14,1–2 (V 10), 14,32–42 (VV 4.10), 14,43–52 (V 11), 14,53–54 (V 10);

Ps 86: in 14,1–2 (V 14), 14,53–54 (V 14), 14,55–65 (V 14);

Ps 88: in 8,31–33 (V 4), 14,43–52 (VV 9.19), 14,66–72 (VV 9.19);

Ps 109: 10,32–34 (V 25), 14,10–11 (VV 2–5), 14,32–42 (V 4), 14,55–65 (VV 2.16), 15,1–5 (V 4), 15,5–15 (V 5), 15,16–20a (V 25), 15,25–32 (V 25);

Ps 118: in 8,31–33 (V 22), 9,9–13 (V 22), Zitat VV 25f in 11,1–11, Zitat VV 22f in 12,1–12.

Anspielung an die Gottesknechtlieder des Dt-Jes kann vorliegen in: 9,9–13 (53,3), 9,30–32 (53,11), 10,32–34 (50,6; 53,3), 14,22–25 (53: „viele"), 14,26–31 (53,6), 14,55–65 (50,6; 53,7.12), 15,1–5 (53,7.12), 15,6–15 (53,9), 15,16–20a (50,6), 15,33–39 (52,12).

Anspielung auf das „Diptychon“ Weish 2,10–20 und 5,1–12 kann vorliegen in: 8,31–33; 9,30–32; 10,32–34 (2,17f.20); 14,55–65; 15,16–20a (2,17f); 15,25–32 (2,16–20; 5,3f), 15,33–39 (2,17; 5,2.4.5).

Beachtung verdienen schließlich Sacharja-Zitate bzw. Anspielungen in 11,1–11 (2,10; 9,9; 14,4), 11,15–19 (14,16.21), 14,10–11 (2,6.10.12), 14,22–25 (9,11), 14,26–31 (13,7), 14,42–52 (13,7).

Wählen wir zum Verständnis der Tabellen ein Beispiel, unser Kommentar zum Text der Passionsgeschichte im dritten Teil dieses Bändchens enthält weitere Hinweise, die wir hier nicht vorwegnehmen wollen.

Zu Ps 34 haben wir drei Perikopen der Passionsgeschichte und fünf Psalmverse angegeben; sie stehen in folgender Beziehung zueinander:

1. *Ps 34,20 und Mk 8,31*

„Der Gerechte muß viel leiden, doch allem wird ihn der Herr entreißen.“	„Der Menschensohn müsse viel leiden … und nach drei Tagen auferstehen.“

2. *Ps 34,7.18 und Mk 15,33.37*

„Da ist ein Armer; er rief, und der Herr erhörte ihn.“	„Jesus rief mit lautem Schrei.“
„Schreien die Gerechten, so hört sie der Herr.“	„Jesus entließ einen lauten Schrei.“

(Die Erhörung ist in der Auferweckungsverkündigung 16,1–8 erzählt.)

3. *Ps 34,8.23 und Mk 16,1–8*

„Der Engel des Herrn beschirmt alle, die ihn fürchten und ehren, und er befreit sie.“ „Der Herr erlöst seine Knechte.“	(Mk 16,1–8 ist in Anlehnung an Befreiungswunder Jesu Auferweckung als Errettung aus dem Grab dargestellt.)

Die Leidenspsalmen sprechen durchweg von der Rettung des Gerechten; wichtig ist, daß die Pss 27; 40; 41; 69; 71 sowie Jes 53 und Weish 2,12–20; 5,1–12 auch „Erhöhungsvorstellungen" enthalten. Die alttestamentliche Substruktur der Passionsgeschichte dient der Deutung von Leiden *und Auferstehung* des Menschensohnes Jesus, wie die großen Leidens- und Auferstehungsweissagungen in Mk 8,31; 9,31; 10,33f ja auch ausdrücklich bezeugen.

Geben wir noch ein zweites Beispiel, das vom Markustext 8,31–33 ausgeht, und ihm die Anspielungen aus verschiedenen Psalmen zur Seite stellt:

8,31:	
„Der Menschensohn *müsse viel leiden*"	Ps 34,10: „*Der Gerechte muß viel leiden.*"
	Ps 40,13: „Leiden ohne Zahl umfangen mich."
	Ps 71,20: „Du ließest mich viel Angst und Not erfahren."
	Ps 88,4: „Denn meine Seele ist gesättigt mit Leid."
„und von den Ältesten und den Hohenpriestern und den Schriftgelehrten *verworfen werden*"	Ps 118,22: „Der Stein, den die Bauleute *verwarfen*".
„und *getötet* werden"	Weish 2,20: „Zu einem ehrlosen *Tod* wollen wir ihn verurteilen."
„und nach drei Tagen *auferstehen*".	Ps 37,39: „Die Rettung des Gerechten kommt vom Herrn."
	Ps 40,18: „Meine Hilfe und mein Retter bist du."
	Ps 54,6: „Gott ist mein Helfer, der Herr beschützt mein Leben."

	Ps 69,30: „Deine Hilfe, o Herr, wird mich *erhöhen.*"
	Weish 5,2: „seine unerwartete Rettung".
	5,15: „Die Gerechten aber *leben in Ewigkeit,* der Herr belohnt sie."
„Und *frei heraus* redete er das Wort."	Weish 5,1: „Dann wird der Gerechte *voll Zuversicht* dastehen."

Es lohnt sich, die angegebenen Psalmen ganz durchzulesen, um genauer wahrzunehmen, wie die Schilderung der Passion Jesu in den Horizont des Leidens des Gerechten gestellt ist. Die einheitliche Deutung der Passion Jesu mittels der Traditionen vom leidenden Gerechten gibt der Passionsgeschichte eine besondere gedankliche Kohärenz, welche auch für unsere Rekonstruktion spricht.

Nach dieser umfassenden Sichtung der Indizien, die unsere Rekonstruktion stützen, läßt sich die eingangs gestellte Frage, wie groß die Wahrscheinlichkeit sei, die dafür spreche, daß wir das „Evangelium der Urgemeinde" entdeckt haben, beantworten: Die Wahrscheinlichkeit ist so groß, daß ein begründetes historisches Urteil gefällt werden kann.

In der zweiten Hälfte des Markusevangeliums ist die vormarkinische Passionsgeschichte überliefert, und zwar mit großer Wahrscheinlichkeit im Umfang der Textrekonstruktion, die wir oben abgedruckt haben. Wieso aber ist diese Passionsgeschichte das Evangelium *der Urgemeinde?* Was läßt sich denn über das Alter und die Herkunft des Textes verläßlich ausmachen?

3. *Alter und Herkunft des rekonstruierten Textes*

Das Markusevangelium ist bald nach dem Jahr 70 n.Chr. in Rom geschrieben worden. Zwischen dem Tod Jesu im Jahrc 30 n.Chr. und der Übernahme der Passionsgeschichte in das älteste Evangelium liegt also eine Spanne von vierzig Jahren, innerhalb deren die Passionsgeschichte ausformuliert worden sein kann. Gibt es Indizien dafür, daß sie schon früh erzählt wurde?

Zunächst sind sprachliche Indizien zu nennen. Die zahlreichen Semitismen im überlieferten Text verraten zumindest, daß die Verfasser semitisch gedacht und konstruiert haben, daß Griechisch nicht ihre Muttersprache war; sie können aber auch Anzeichen dafür seein, daß der griechische Text die Übersetzung eines aramäischen Originals ist.

Nennen wir wenigstens ein paar auffällige sprachliche Eigentümlichkeiten des Textes, die auch der Leser einer ziemlich wörtlichen deutschen Übersetzung durchaus wahrnehmen kann. Nicht nur jeder deutsche, auch jeder griechische Sprachlehrer hätte seinen Schülern als „Unart" ausgetrieben, fast jeden neuen Satz einer Erzählung mit „und" zu beginnen. Im Hebräischen und Aramäischen, der Sprache Jesu und seiner palästinischen Zeitgenossen, war der stereotype Satzanfang mit „und" – in dem freilich verschiedene Nuancen bis hin zu „aber" hörbar waren – ganz normal. In den Texten der Passionsgeschichte (wie übrigens auch in manchen anderen Texten des Markusevangeliums) fällt dem Leser und Hörer die stereotype „und"-Reihung sofort auf. Schauen wir uns als Beispiel die Verklärungserzählung (I. 3 = 9, 2–8) rasch an. Ich schreibe sie hier noch einmal unter Hervorhebung dieses stilistischen Phänomens auf:

9, 2 *Und* nach sechs Tagen nimmt Jesus den Petrus und den Jakobus und den Johannes mit;
und er führt sie auf einen hohen Berg, für sich allein.
Und er wurde vor ihnen verwandelt.

3 *Und* seine Kleider wurden glänzend, sehr weiß, wie
kein Walker auf Erden sie so weißen kann.
4 *Und* es erschien ihnen Elija mit Mose,
und sie redeten zusammen mit Jesus.
5 *Und* Petrus nahm das Wort, sagt zu Jesus:
›Rabbi, trefflich ist's, daß wir hier sind!
Und wir wollen drei Hütten machen,
dir eine und Mose eine und Elija eine.‹
6 Er wußte nämlich nicht, was er antworten solle;
denn sie waren in Furcht geraten.
7 *Und* es entstand eine Wolke, überschattete sie;
und es erging eine Stimme aus der Wolke:
›Dieser ist mein Sohn, der geliebte!
Höret auf ihn!
8 *Und* unversehens, wie sie umherblickten,
sahen sie niemand mehr,
sondern nur Jesus allein bei ihnen.

In den sieben Versen dieses Textes finden wir elfmal das reihende „und"; Mattäus und Lukas, welche die Vorlage des Markustextes umgeschrieben und sich dabei um ein besseres Griechisch bemüht haben, ließen das ungriechische „und" mehr oder weniger verschwinden: *Mattäus* übernimmt es *nur dreimal* (dazu erweitert er zweimal um „und siehe", um auf die Erscheinung von Elija und Mose sowie auf die Stimme aus der Wolke hinzuweisen), *Lukas* übernimmt es *sechsmal* (davon jedoch *dreimal* in Sätzen, die dem Sprachduktus der griechischen Übersetzung des Alten Testaments, der Septuaginta, nachgebildet sind: „Und es geschah, als ..."; auf die Erscheinung von Elija und Mose weist er auch mit „und siehe" hin). Würden wir die Erzählung deutsch konzipieren, würden wir vermutlich das reihende „und" fast ganz vermeiden, etwa so: „Nach sechs Tagen nimmt Jesus den Petrus und den Jakobus und den Johannes mit sich; er führt sie auf einen hohen Berg, für sich allein. Dort wurde er vor ihnen verwandelt. Seine Kleider wurden glänzend, sehr weiß, wie kein Walker auf Erden sie so weißen kann. Auch erschien ihnen Elija mit Mose; diese redeten zusammen mit Jesus. Petrus aber nahm das Wort, sagte zu Jesus: ›Rabbi, trefflich ist's, daß wir hier sind! Wir wollen drei Hütten machen, dir eine und Mose eine und Elija eine.‹ Er wußte nämlich nicht, was er antworten solle; denn sie waren in Furcht geraten. Plötzlich entstand eine Wolke, überschattete sie; und es erging eine Stimme aus der Wolke: ›Dieser ist mein Sohn, der Geliebte! Höret auf ihn!‹ Dann jedoch, unversehens, wie sie umherblickten, sahen sie niemand mehr, sondern nur Jesus allein bei ihnen."

Wir hätten auch so oder ähnlich übersetzen können, wie das in den deutschen Ausgaben des Neuen Testaments meist geschieht; in unserer Rekonstruktion haben wir jedoch wörtlicher übersetzt, damit auch der deutsche Leser den semitischen Charakter des Textes noch ein wenig schmecken kann. Vielleicht nehmen Sie sich, verehrte Leser, den Text der Rekonstruktion noch einmal vor und überfliegen ein paar Seiten, um wahrzunehmen, wie stark die Passionsgeschichte durch die häufige – nicht durchgängige! Die griechischen Übersetzer haben durchaus hier und da, besonders an betonten Stellen, bei Redewechsel etwa, auch ein „aber" gesetzt – „und"-Reihung geprägt ist.

Bleiben wir bei der Verklärungserzählung, um noch einige weitere Semitismen zu erläutern, welche die Annahme ermöglichen, die Passionsgeschichte sei ursprünglich Aramäisch erzählt worden. In V 5 haben wir übersetzt: „Und Petrus *nahm das Wort*", in V 6: „Er wußte nämlich nicht, was er *antworten* solle"; im griechischen Text ist beide Male dasselbe Verb *apokrinomai* benutzt, das normalerweise der Einführung einer *Antwort* auf eine vorausgegangene Rede dient. In der Bedeutung „das Wort nehmen" spiegelt seine Benutzung eine aramäische Quelle, ist es als Übersetzungsgriechisch zu bezeichnen. In V 5 finden wir überdies einen noch deutlicheren Anhaltspunkt dafür, daß ein übersetzter Text vorliegt, nämlich die nicht übersetzte aramäische Anrede „Rabbi", die nur ins Griechische transkribiert wurde.

Solche Transkriptionen (Wiedergabe aramäischer Worte mit griechischen Buchstaben) finden wir auch noch an anderen Stellen der Passionsgeschichte: „Bartimaios" (10,46), „Golgota" (15,22), besonders auch die Zitation von Ps 22,2a in 15,34: „Eloi, Eloi, lema sabachthani!" Diese Transkriptionen sind das sicherste Indiz für die aramäische Ursprache der Passionsgeschichte.

Nun ist freilich die Ursprache eines Textes noch nicht ohne weiteres ein Altersindiz; der Nachweis, daß die Passionsgeschichte ursprünglich aramäisch erzählt wurde, *ermöglicht* jedoch die Annahme, daß sie schon früh im aramäisch sprechenden Judenchristentum Palästinas, etwa in der Urgemeinde, erzählt wurde. Dafür, daß dies schon früh geschah, sprechen nun auch die auffällig häufigen Personenangaben, die wir oben schon erwähnt haben. Mit Namen werden in der Regel nur Personen genannt, die den Hörern etwas bedeuten, bei ihnen bekannt sind; andernfalls begnügt man sich meist mit allgemeineren Charakterisierungen. Wenn ich von Kollegen im Kollegenkreis erzähle, nenne ich in der Regel meine Kollegen mit Namen: „Kollege Meier hat mich neulich darauf hingewiesen ..." Berichte ich Hörern, die den Kollegen Meier nicht kennen, begnüge ich mich eher mit der Formulierung: „Ein Kollege hat mich neulich darauf hingewiesen ..."

Die Evangelisten verfahren nachweislich ebenso. Während der konservative Evangelist Markus die Nennung des blinden „Bartimäus" (samt der Übersetzung der aramäischen Transkription im vorangestellten „der Sohn des Timäus") in Mk 10,46 noch übernimmt, spricht Lukas nur noch von „einem Blinden" (18,35), Mattäus, der gerne verdoppelt, sogar von „zwei Blinden" (20,30), ohne daß der Name, der offenbar nicht mehr interessiert, weiter überliefert wird. Markus berichtet mit der Passionsgeschichte, daß der Passant, der von den Soldaten des Pilatus gezwungen wurde, Jesus den Kreuzesbalken zu tragen, „Simon aus Kyrene" hieß und der „Vater von Alexander und Rufus" war. Die Söhne interessieren die späteren Evangelisten Mattäus und Lukas nicht mehr; sie führen auch Simon nicht mehr wie einen Bekannten, sondern wie einen Unbekannten namens Simon ein. Es lohnt sich, die drei Formulierungen genau zu vergleichen:

Mk 15,22: „Und sie zwingen einen Vorübergehenden,
Simon aus Kyrene, der vom Feld kommt,
den Vater von Alexander und Rufus,
daß er sein Kreuz trage."

Mt 27,32: „Hinausgegangen aber fanden sie einen Men-
aus Kyrene namens Simon; [schen
diesen zwangen sie,
daß er sein Kreuz trage."

Lk 23,26: „Und wie sie ihn abführten,
griffen sie einen Simon aus Kyrene,
der vom Feld kam;
sie legten ihm das Kreuz auf,
damit er es hinter Jesus her trage."

Während der Text des Markus, der aus der Passionsgeschichte stammt, offenbar damit rechnet, daß bei den Hörern zumindest die Söhne Alexander und Rufus bekannt sind, geben Mattäus und Lukas ihren Lesern nur zu verstehen, daß der „Mensch", der Jesu Kreuz trug, „aus Kyrene" stammte und „Simon" hieß (Mattäus) bzw. „ein Simon aus Kyrene" war (Lukas).

Daß die Passionsgeschichte Kenntnis am Geschehen beteiligter Personen bei den Hörern voraussetzt, ist am ehesten zu erklären, wenn sie recht früh – und zwar in Jerusalem, wie wir noch sehen werden – erzählt wurde.

Nehmen wir noch ein weiteres Beispiel, nämlich die Vorstellung des Mannes, der für Jesu Begräbnis sorgte, Josefs von Arimatäa. Im Text der Passionsgeschichte (Mk 15,42) wird er wie eine den Hörern (zumindest vom Hörensagen) bekannte hochgestellte Persönlichkeit eingeführt; Mattäus und Lukas hingegen geben zu verstehen, daß weder sie ihn kennen noch ihre Leser:

Mk 15,43: „kam Josef, der von Arimatäa,
ein angesehener Ratsherr (oder: Josef, der angesehene Ratsherr von Arimatäa)
der selbst auch das Reich Gottes erwartete."
Mt 27,57: „kam ein reicher Mensch von Arimatäa,
dessen Name (war) Josef,
der selbst auch Jesu Jünger geworden war."
Lk 23,50: „Und siehe, ein Mann namens Josef,
der Ratsherr war, ein guter und gerechter Mann
51: – dieser hatte ihrem Beschluß und ihrer Tat nicht zugestimmt – von Arimatäa, einer Stadt der Juden."

Eine Möglichkeit zur Datierung der Passionsgeschichte über das vage „früh" hinaus bietet nun am ehesten die Behandlung einer anderen am Geschehen maßgebend beteiligten Person durch die Erzähler, nämlich des amtierenden Hohenpriesters. Die Passionsgeschichte spricht vom Hohenpriester durchweg ohne Namensnennung (vgl. 14,53.54.60.61.63), und dies fällt besonders auf, weil viele andere, weniger wichtige Personen mit Namen genannt werden. Dieser Sachverhalt ist kaum anders zu deuten, als daß die Erzähler „den Hohenpriester" kennen und auch bei ihren Hörern dessen Bekanntheit voraussetzen.

Die späteren Evangelisten, die, wie wir gesehen haben, sonst Namen weglassen, bieten den Namen des Hohenpriesters: *Kajafas* (vgl. Mt 26,3.57; Lk 3,2 und Apg 4,6; auch Joh 11,49; 18,13.14.24.28); sie können bei ihren Lesern wohl nicht mehr voraussetzen, sie wüßten, wer zur Zeit der Hinrichtung Jesu als Hoherpriester amtierte.

Da die Passionsgeschichte einfach von „dem Hohenpriester" erzählt, liegt der Schluß (nahezu zwingend) nahe, daß Kajafas als Hoherpriester noch amtierte, als die Passionsgeschichte formuliert und anfänglich erzählt wurde. Kajafas amtierte von 18–37 n.Chr. Als *terminus ante quem* (spätester Zeitpunkt) der Entstehung der Passionsgeschichte darf folglich das Jahr 37 n.Chr. gelten.

Verdeutlichen wir uns das angewandte Schlußverfahren an einer modernen Analogie. Wenn ich vom „Bundeskanzler" oder vom „Bundespräsidenten" erzähle, werden meine Hörer in der Regel an den amtierenden denken. Will ich von einem früheren berichten, werde ich seinen Namen hinzufügen. Die Erzähler der Zeit Jesu sind ebenso verfahren; Mk 2,26 wird der Hohepriester Abjatar erwähnt, Apg 23,2 der Hohepriester Hananja, ebenso Apg 24,1. Auch Flavius Josephus identifiziert in seinen Geschichtswerken die jüdischen Hohenpriester. Wo im Jerusalemer Stoff der Apostelgeschichte von „dem Hohenpriester" (Kajafas) die Rede war, war hingegen ebenso wie in der Passionsgeschichte dessen Kenntnis vorausgesetzt.

Für unseren Schluß, die Passionsgeschichte müsse noch während der Amtszeit des Kajafas entstanden sein, spricht auch die unterschiedliche Behandlung des Pilatus in den synoptischen Evangelien. Die Passionsgeschichte, welcher der konservative Markus einfach folgte, nennt nirgendwo die amtliche Stellung des Mannes, der Jesus hinrichten ließ; sie redet schlicht von „Pilatus" und setzt voraus, daß jeder Hörer weiß, daß Pilatus der römische Präfekt war (oder noch ist). Mattäus (27,2.11.14.21.27; 28,14) und Lukas (20,20) nennen ihn „den Präfekten" *(hägemon)*, und Lukas (3,1) sagt ausdrücklich, daß er beim Auftreten Johannes des Täufers und Jesu die Präfektur der Provinz Judäa innehatte. Pilatus amtierte von 26–36 n. Chr. Freilich kann man aus dem Sachverhalt, daß die Passionsgeschichte seinen amtlichen Titel nicht nennt, nicht erschließen, sie müsse während seiner Präfektur entstanden sein; jedoch veranlaßt der Sachverhalt, für die Entstehung der Passionsgeschichte zeitliche und lokale Nähe zum judäischen Präfekten anzunehmen, und im Verein mit der Beobachtung der Behandlung des „Hohenpriesters" gewinnt auch dieses Indiz mehr an Gewicht. Die Erzähler der Passionsgeschichte, aramäisch sprechende Judenchristen (in Jerusalem), reden von ihrem jüdischen Hohenpriester einfach als von dem „Hohenpriester", den römischen Präfekten hingegen bezeichnen sie schlicht mit seinem Namen. Am ehesten ist das verständlich in einer Zeit, da beide noch amtierten.

Auch wir verfahren heute noch so. Wir reden von unserem Bundeskanzler einfach als „vom Bundeskanzler", den amerikanischen Präsidenten erwähnen wir hingegen häufig mit seinem Namen (derzeit: „Carter").

Die Altersbestimmung der Passionsgeschichte kann sich schließlich noch auf ein weiteres Indiz stützen, das die bei Paulus 1 Kor 11,23–25 zitierte Abendmahlsüberlieferung enthält, die höchstwahrscheinlich aus der Jerusalemer Urgemeinde stammt. Paulus zitiert den Text den Korinthern in der Mitte der fünfziger Jahre, er hat ihn aber gewiß schon vor Beginn seiner eigenständigen Mission Ende der vierziger Jahre gekannt und vermutlich schon früher kennengelernt. Der Text, eine Kultätiologie, welche die Herrenmahlfeier regelt, ist mit hoher Wahrscheinlichkeit schon in den dreißiger Jahren entstanden. Die Eingangswendung der Kultätiologie „in der Nacht, in der Jesus ausgeliefert wurde", enthält nun deutlich einen summarischen Hinweis auf die Passion Jesu; die Einzelformulierungen scheinen sogar den Kontext der Passionsgeschichte, in der von Jesu Passion erzählt wurde, vorauszusetzen. Das Stichwort „Nacht" begegnet in Mk 14,30 in großer Nähe zum Abendmahlsbericht, ebenso das Stichwort „ausliefern" in Mk 14,21, das überdies ein „Leitwort" der Passionsgeschichte ist (vgl. 9,31; 10,33; 14,11.18.41.42; 15,1.10.15). Wenn die von Paulus zitierte Abendmahlstradition die ausgeführte Passionsgeschichte voraussetzt, müßte diese in den ersten Jahren der Existenz der Jerusalemer Urgemeinde entstanden sein.

Schon bei der Erörterung der Personennamen, die in der Passionsgeschichte erwähnt werden, sind wir darauf aufmerksam geworden, daß Erzähler und Hörer des „Evangeliums der Urgemeinde" am ehesten in Jerusalem zu suchen sind. Eine Analyse der Ortsangaben, der vorausgesetzten und erkennbaren topographischen Kenntnisse läßt keine andere Lokalisierung zu. Die Vertrautheit mit der Topographie von Jerusalem und Umgebung (Jericho, Betanien, Betfage, Ölberg, Getsemani, Golgota) läßt schon auf Jerusalem als Herkunftsort der Passionsgeschichte schließen. Dagegen ließe sich freilich noch einwenden, daß ein Jerusalemer oder mit der Jerusalemer Topographie vertrauter Judenchrist für andere Gemeinden erzählt habe; deren Kreis wäre freilich schon angesichts der Erkenntnis, daß zunächst aramäisch für aramäisch sprechende Judenchristen erzählt wurde, auf palästinisch judenchristliche Gemeinden zu beschränken. Und wir kennen außer Jerusalem kein bedeutendes judenchristliches Zentrum!

Wichtiger ist freilich, daß die Erzählung *bei ihren Hörern* lokale Kenntnisse voraussetzt und in verschiedenen Formulierungen eine Jerusalemer Sprachtradition zu spiegeln scheint. In Mk 14,53f.66.68 ist der „Palast des Hohenpriesters", das Haus des Kajafas, das wohl „Palast" genannt wurde und auf dem Berg Sion unfern dem früheren Herodespalast lag, mit seinen Innenhöfen, die in jüngsten Ausgrabungen wieder zutage gefördert wurden, als bekannt vorausgesetzt. In Mk 15,1.16 ist ebenfalls der Herodespalast, in dem sich die römischen Präfekten aufhielten, wenn sie zu den jüdischen Hauptfesten in Jerusalem weilten, als bekannt vorausgesetzt. Er lag am Westhügel Jerusalems südlich des Jaffatores; Mk 15,8 ist gesagt, daß die Volksschar, die Barabbas freibitten wollte, zu ihm „heraufzog"; Flavius Josephus nennt ihn in seinem Werk „Über den jüdischen Krieg" den „oberen Palast". Da die Präfekten auf einem Tribunal vor dem Palast öffentlich Gericht hielten, konnte Jesus vom Palast des Kajafas leicht und rasch zu Pilatus überstellt werden (Mk 15,1). Mk 15,16 ist gesagt, daß die Soldaten Jesus „ins Innere des Palastes, das ist das Prätorium", abführten.

Als bei den Hörern bekannt vorausgesetzt ist in der Passionsgeschichte ferner, daß die „Golgota-Stätte" (Mk 15,22), wo Jesus gekreuzigt wurde, außerhalb der damaligen Stadtmauer lag, wie die jüngsten Ausgrabungen in Jerusalem definitiv bestätigt haben. Mk 15,21 setzt voraus, daß Simon von Kyrene gerade „vom Feld" in die Stadt zurückkam, als die Soldaten Jesus vom Herodes-Pilatus-Palast durch das nahe Stadttor zur Kreuzigung abführten.

Wer so erzählt, daß er dem Hörer zumutet, sich die richtige Vorstellung selbst zu bilden, setzt beim Hörer topographische Kenntnisse voraus. Solche Kenntnisse sind in der Jerusalemer Urgemeinde gegeben unter den „Galiläern" (vgl. Apg 1,11; 2,7), den Jüngern und Jüngerinnen Jesu, die mit ihm nach Jerusalem gezogen (Mk 10,32; 15,41) und nach seiner Kreuzigung und Auferweckung hierher umgesiedelt waren. Bei ihnen darf der Erzähler auch die Kenntnis des Pilgerweges von Galiläa nach Jerusalem (Mk 10,1.32.46; 11,1) voraussetzen.

Wir können also festhalten: *Alters- und Herkunftsindizien sprechen zusammen eindeutig für eine frühe Entstehung der rekonstruierten Passionsgeschichte in der aramäisch sprechenden Urgemeinde in Jerusalem.* Der Text, der das Leiden, den Tod und die Auferweckung Jesu, des Messias und Menschensohns berichtet und verkündet, war „das Evangelium der Urgemeinde".

Daß die Passionserzählung schon früh in der Jerusalemer Urgemeinde von den zweisprachigen Gräkopalästinern, die neben ihrer aramäischen Muttersprache auch Griechisch gelernt hatten, für die griechisch sprechenden „Hellenisten" (vgl. Apg 6,1), die aus den griechischen Synagogen Jerusalems zur Urgemeinde gestoßen waren, ins Griechische übertragen wurde, ist eine naheliegende Vermutung.

Daß ein so umfangreicher Erzählkomplex von Anfang an schriftlich überliefert wurde – jedenfalls, sobald der Gesamtkomplex vielleicht nach wiederholtem deutendem Erzählen der Passion Jesu als Überlieferungseinheit konstituiert war –, darf wohl angenommen werden. Daß der Konstitution des Gesamttextes ein Erzählen einzelner Episoden und das Bemühen um die schrifttheologische Erfassung des Gesamtgeschehens und der Einzelheiten der Passion Jesu in der Urgemeinde vorausging, darf ebenfalls vermutet werden. Der nicht selbständige Charakter der meisten Erzähleinheiten spricht allerdings gegen die (verbreitete) Vorstellung einer Komposition der Passionsgeschichte aus zunächst für selbständigen Gebrauch formulierten Einzelüberlieferungen.

4. Der Aufbau des rekonstruierten Textes

Wir haben schon gesehen, daß in der Passionsgeschichte die Dreiergliederung als ein Kompositionsprinzip zu entdecken ist; auch die Gesamterzählung scheint nach einer Dreiergliederung aufgebaut zu sein; die in der Darbietung des Textes oben gebotene Numerierung weist neununddreißig (arabische Zahlen) Erzähleinheiten in dreizehn (römische Zahlen) Dreiergruppen auf:

I.

1.	8,27–30:	Messiasbekenntnis bei Cäsarea Philippi
2.	8,31–33:	Erste Leidens- und Auferstehungsweissagung
3.	9,2–8:	Verklärung Jesu auf dem hohen Berg

II.

4.	9,9–13:	Gespräch über Leiden und Auferstehung Jesu
5.	9,30–32:	Zweite Leidens- und Auferstehungsweissagung
6.	9,33–35:	Gespräch im Haus zu Kafarnaum

III.

7.	10,1.32–34:	Dritte Leidens- und Auferstehungsweissagung
8.	10,46–52:	Heilung des blinden Bartimäus vor Jericho
9.	11,1–11:	Ritt nach Jerusalem

IV.

10. 11,12–14: Verfluchung des Feigenbaums
11. 11,15–19: Messianische Tempeldemonstration
12. 11,20–23: Der verdorrte Feigenbaum – Spruch vom Glauben

V.

13. 11,27–33: Vollmachtsfrage
14. 12,1–12: Winzergleichnis
15. 12,13–17.34c: Steuerfrage

VI.

16. 12,35–37: Belehrung über den Messias
17. 12,41–44: Das Scherflein der armen Witwe
18. 13,1–2: Die Tempelweissagung Jesu

VII.

19. 14,1–2: Tötungsbestreben der Gegner Jesu
20. 14,3–9: Vorweggenommene Totensalbung Jesu
21. 14,10–11: Der Verrat des Judas

VIII.

22. 14,12–16: Vorbereitung des Paschamahls
23. 14,17–21: Verratsvorhersage beim Paschamahl
24. 14,22–25: Jesu Todesdeutung beim Paschamahl

IX.

25. 14,26–31: Vorhersage von Jüngerflucht und Petrusverleugnung
26. 14,32–42: Jesu Gebetsringen in Getsemani
27. 14,43–52: Verhaftung Jesu und Flucht der Jünger

X.

28. 14,53–54: Abführung Jesu und Nachfolge des Petrus
29. 14,55–65: Das Verhör vor dem Synedrion
30. 14,66–72: Verleugnung Jesu durch Petrus

XI.

31.	15,1–5:	Auslieferung an und Verhör vor Pilatus
32.	15,6–16:	Paschaamnestie: Jesus oder Barabbas
33.	15,16–20a:	Verhöhnung Jesu durch die römischen Soldaten

XII.

34.	15,20b–24:	Die Kreuzigung Jesu
35.	15,25–32:	Die Verspottung des Gekreuzigten
36.	15,33–39:	Der Tod Jesu

XIII.

37.	15,40–41:	Die galiläischen Frauen, Zeugen beim Kreuz
38.	15,42–47:	Das Begräbnis Jesu
39.	16,1–8:	Die Auferweckungsbotschaft

Die Dreiergruppen III–XIII sind eindeutig zusammengebunden, zu lokalen, temporalen, geschehensmäßigen oder thematischen Einheiten gefügt:

III (Nr. 7–9) setzt mit dem Aufbruch (10,1) Jesu aus Galiläa (9,30)/Kafarnaum (9,33) auf den Pilgerweg nach Jerusalem ein, der durch die Jordansenke, das Gebiet von Judäa/Transjordanien (10,1) nach Jericho (10,46) zur Anabasis nach Jerusalem (10,32.33) führt, wo Jesus nach 11,11 anlangt über Betfage und Betanien am Ölberg (11,1). Erzählt ist also *die Anabasis* (der Hinaufzug) nach Jerusalem als Anabasis des Messias (8,29) und Menschensohnes (8,31; 9,12.31), dessen Leiden er selbst detailliert vorhersagt, mit messianischem Stoff: der Prophetie (10,33f), der Blindenheilung (10,46–52) und dem messianischen Ritt nach Jerusalem (11,1–11). Mit 11,11 wird der Abschnitt deutlich zu Ende gebracht, der Erzählfluß zäsuriert: „Und er kam hinein nach Jerusalem, in den Tempel. Und nachdem er ringsum alles angeschaut – es war schon späte Stunde –, ging er hinaus nach Betanien mit den Zwölfen." Eine Reihe von Stichworten verbinden die drei zusammengefaßten Stücke, die Bewegungsverben „kommen" (10,1.46), „nahekommen" (11,1), „hineinkommen" (11,11), „hinausgehen" (11,11), „voranziehen" (10,32; 11,9) und „nachfolgen" (10,32.52; 11,9); ferner die „Volksscharen" (Pilgermenge: in 10,1.46), „viele" (10,48; 11,8); „auf dem Weg" (10,32.52; vgl. 10,46 „am Weg"; 11,8 „auf den Weg"); „die Zwölf" (10,32; 11,11); „nach Jerusalem" (10,32; 11,1–11); „zu Jesus" (10,50; 11,7; vgl. 10,1 „zu ihm").

IV (Nr. 10–12) ist eine Schachtelkomposition, in der die zweigeteilte, an zwei aufeinanderfolgenden Tagen spielende Feigenbaumepisode (11,12–14.20–23) die Erzählung von der Tempeldemonstration (11,15–19) rahmt. Die Feigenbaumerzählung ist an den Weg von Betanien nach Jerusalem gebunden (11,11.20), das Mittelstück an den Tempel in Jerusalem (11,15). Eine nachträgliche Schachtelung zuvor selbständiger Stücke liegt nicht vor, da die Reisenotizen 11,15.19 in 11,20 (Wiederholung des Weges von 11,12 am anderen Morgen) erzählerisch vorausgesetzt sind. Der Erzählstoff ist auch messianisch geprägt.

V (Nr. 13–15) berichtet von der Konfrontation Jesu mit der Jerusalemer Führung (11,27) und deren Abgesandten (12,13), Bemühungen von seiten der Führung im Vorfeld des Prozesses, Anklagematerial gegen Jesus bei dessen erneutem (11,27) Aufenthalt in Jerusalem und im Tempel zu erhalten. Eingeschachtelt in die Befragungen Jesu (11,27–33; 12,13–17.34c), die durch die Notiz, daß ihn niemand mehr zu fragen wagte, abgeschlossen sind, ist Jesu polemisches Gleichnis, das zu einer doppelten Reaktion der Gegner führt (12,12.13). Verbindende Stichworte sind: „zu ihm" (11,27; 12,13); „Wort" (11,29; 12,13). Vgl. die Redeeinführungen in 11,29; 12,17 und die Doppelfragen in 11,28; 12,14.

VI (Nr. 16–18) enthält drei an die Tempelszenerie (12,35.41; 13,1) gebundene Spruchgeschichten, in deren erster Jesus auf die mit der Steuerfrage unterstellte politische Auslegung seines messianischen Anspruchs in öffentlicher messianischer Belehrung reagiert; in den beiden folgenden adressiert sich Jesus an seine Jünger (12,43; 13,1). Alle Szenen spielen am selben, dem dritten (vgl. 11,11.15.27) Tag in Jerusalem, der mit 13,1f abgeschlossen wird, wo Jesus zum letzten Mal den Tempel verläßt und ihm den Untergang ansagt. Der Stoff zeigt Jesus als messianisch-prophetischen Lehrer.

VII (Nr. 19–21) erzählt in einer erneuten Schachtelkomposition Geschehnisse zwei Tage vor dem Paschafest: die Suche der Gegner Jesu, seiner mit List habhaft zu werden, um ihn töten zu können (14,1f), und den Judasverrat (14,10f); zwei gleich lange Kurzszenen, die durch die „suchte(n), wie ...“-Sätze deutlich parallelisiert sind, umschließen die Salbungsgeschichte, die auch Jesu Tod thematisiert. Das Geschehen ist als gleichzeitig verlaufend vorgestellt (14,3 „Und während er in Betanien war“; 14,10: Judas „war fortgegangen“): Während Jesus vorweg zum Begräbnis gesalbt wird, verrät ihn einer der Zwölfe an die Hohenpriester. Das Paschafest (14,1f) ist in den Blick gerückt; die Zeit der folgenden Erzählstücke ist dadurch bestimmt.

VIII (Nr. 22–24) bietet drei Erzählstücke, die durch Vorbereitung und Verlauf des Paschamahls fest miteinander verkettet (14,12–16.18.20.22) und auf Nachmittag (14,12) und Abend des 14. Nisan bzw. den Beginn des 15. Nisan (jüdischer Frühlingsmonat) datiert sind. Der Tod Jesu ist das beherrschende Thema; seine drohende Gefahr bestimmt die Geheimhaltungsvorkehrungen der Vorbereitung des Paschamahls (14,12–16), die Vorhersage des Verrats ist als besonderes Ereignis des ersten, Jesu Todesdeutung mittels der symbolisch gedeuteten Gaben von Brot und Wein als dasjenige des zweiten Teils der Paschamahlzeit erzählt, deren Abschluß 14,26 (mit dem Singen des Hymnus) erwähnt wird.

IX (Nr. 25–27) verbindet zeitlich (Paschanacht, Nacht des Verrats, vgl. V 30) und lokal (Gang zum Ölberg, Ereignisse im Landgut Getsemani) die Szenen, welche die Geschehensfolge in die Verhaftung Jesu und die Flucht der Jünger münden lassen. War die Auslieferung Jesu durch Judas schon in Nr. 23 vorhergesagt (14, 17–21 → 14, 43–45), so wird nun die Flucht der Jünger vorhergesagt (14, 27) und erzählt (14, 50) sowie die Verleugnung des Petrus prophezeit (14, 30 → 14, 54.66–72). In der Mitte der Szenenfolge wird Jesu Gebetsringen geschildert (14, 32–42). In den beiden ersten Szenen spielt Petrus eine besondere Rolle (14, 29–31; 14, 33.37), der Jünger, der Jesus bis in den Tod nachfolgen will (14, 31), dessen Nachfolge aber im Hof des hohepriesterlichen Palastes endet (14, 54). Verbindendes Stichwort in IX ist „alle" (14, 27.29.31.50). 14, 27.49 finden sich Hinweise auf die Schriftprophetie.

X (Nr. 28–30) erzählt das Geschehen in derselben Nacht im Palast des Hohenpriesters, in den Jesus gebracht wird (14, 53) und wohin Petrus nachfolgt (14, 54): das Verhör Jesu vor dem Synedrion (14, 55–65) und seine Verleugnung durch Petrus (14, 66–72). Die beiden großen Szenen werden in der einleitenden Kurzszene (vgl. ähnlich XIII, Nr. 37–39) vorbereitet; die Voraussetzungen des Geschehens sind erzählt. Eine bloße Schachtelkomposition liegt nicht vor, vielmehr doppelte Schachtelung (14, 53.54.55–65 und 14, 54.65.66–72) bzw. dreifache Schachtelung (vgl. noch 14, 55–65.66–72; 15, 1). In Nr. 30 wird das Nr. 25 angekündigte Verleugnungsgeschehen erfüllt. Jesu Bekenntnis und Petri Verleugnung sind als gleichzeitiges Geschehen wirkungsvoll kontrastiert.

XI (Nr. 31–33) erzählt das Geschehen in der Morgenfrühe von der Auslieferung Jesu an Pilatus bis zur Abführung zur Kreuzigung: das Verhör vor Pilatus (15, 2–5) nach der Auslieferung (15, 1), die Paschaamnestieverhandlung (15, 6–15), die mit der Übergabe Jesu zur Kreuzigung endet, und die

Verspottung Jesu durch die Soldaten des Präfekten in dessen Palast (15,16–20a). Zentrales verbindendes Stichwort ist „der König der Juden" (15,2.9.12.18), das jeweils im Zentrum der drei Erzählstücke begegnet.

XII (Nr. 34–36) enthält den sogenannten Kreuzigungsbericht, der mit der Herausführung Jesu zur Kreuzigung (15,20b) einsetzt und mit dem „Zeichen" (15,38) und der Reaktion des Hauptmanns (15,39) nach Jesu Tod (15,37) endet. Einheit des Ortes (15,22) und der Zeit (15,25.33f) verbinden die drei Szenen ebenso wie das geschilderte Geschehen: Kreuzigung (15,20b–24), Verhöhnung des Gekreuzigten (15,25–32) und Tod des Gekreuzigten (15,33–39).

XIII (Nr. 37–39) enthält die drei Szenen, die zur Osterbotschaft hinführen, mit welcher die Passionsgeschichte abgeschlossen wird. Die galiläischen Frauen (15,40.47; 16,7) sind Zeugen des Todes, des Begräbnisses und der Auferwekkung Jesu, die ihnen vom himmlischen Boten verkündigt und durch das leere Grab bestätigt wird. Wichtige verbindende Stichworte sind „schauen" (15.40.47; 16,4) und „Galiläa" (15,41; 16,7).

Nicht so eindeutig ergibt sich die Zusammenfassung von Nr. 1–3 und Nr. 4–6 zu den beiden ersten Dreiergruppen I und II. Insbesondere die Abtrennung des Abstiegsgesprächs (9,9–13) von der Verklärungsgeschichte (9,2–8) mag problematisch erscheinen. Jedoch, einmal ist die Bindung von Nr. 1–3 aneinander sehr stark, zum anderen ist mit der Ortsveränderungsnotiz in 9,9 ein gewisser Neueinsatz angezeigt, so daß die vorgeschlagene Einteilung hypothetischen Erwägungen über eine Störung des Ablaufs der ersten Szenen durch den Evangelisten Markus vorzuziehen ist.

I (Nr. 1–3) enthält die grundlegende christologische Exposition der Passionsgeschichte mit der steigernden Vorstellung Jesu als Messias (8,29: Bekenntnis des Petrus),

Menschensohn (8,31: Selbstbekenntnis Jesu) und Sohn Gottes (9,7: Bekenntnis Gottes selbst zu seinem „geliebten Sohn"). Die drei Erzählstücke sind auch durch die Rolle, die Petrus in ihnen spielt (8,29; 8,32f; 9,2.5) deutlich miteinander verbunden.

II (Nr. 4–6) ist an I eng angebunden (vgl. auch III–VI; oder XII und XIII); die drei Erzählstücke sind durch die einleitenden Ortsanschlüsse (9,9.30.33) und die Wegvorstellung (9,33.34; vgl. 8,27), auch die durchgängige Jüngerbelehrung verbunden. Wieder steht die Leidens- und Auferstehungsweissagung Jesu (wie in I) in der Mitte, ebenso geht es im dritten Stück um einen Jüngerdisput.

Überblickt man die ganze Passionsgeschichte in der vorgelegten Rekonstruktion, so sieht man rasch, daß die Dreigliederung den Aufbau auch im großen charakterisiert: I–III (Nr. 1–9) schildern den Weg Jesu von den Dörfern bei Cäsarea Philippi bis zum Betreten Jerusalems und des Tempels, also die Anabasis des Messias nach Jerusalem, die von der dreifachen Ansage des Leidens und der Auferweckung des Menschensohnes (auf drei Stationen des Weges, innerhalb jeweils einer der Dreiergruppen) bestimmt ist. Der Weg nach Jerusalem ist Weg zur Passion.

IV–VI (Nr. 10–18) erzählen vom Jerusalemer Aufenthalt Jesu, seiner Tempeldemonstration, den Auseinandersetzungen mit den Gegnern im Tempel, der Lehre im Tempel und über den Tempel. Die Tage in Jerusalem sind das Vorspiel der Passion.

VII–IX (Nr. 19–27) schildern die Ereignisse, die zur Verhaftung Jesu hinführen und mit wiederholten Vorausdeutungen Jesu verbunden sind. Die letzten Ereignisse vor Jesu Tod erhalten eine Deutung seiner Passion.

X–XII (Nr. 28–36) erzählen das Geschehen von der Abführung Jesu zum Hohenpriester bis zu seinem Tod am Kreuz, also seine (in Nr. 7 detaillierte geweissagte) Passion selbst.

Den vier Dreiergruppen, die sich nochmals zu zwei und zwei zusammenordnen lassen (I–VI und VII–XII), folgt als Abschluß des gesamten Erzählzusammenhangs XIII mit der Osterbotschaft, die freilich durch die Auferstehungsweissagungen von Anfang an mit im Blick ist. Achtet man auf die zusammengehörigen Geschehensfolgen, so legt sich im ganzen aber wohl auch ein dreiteiliger Aufbau der gesamten Passionsgeschichte als gewollt nahe: I–III (Nr. 1–9): Die Anabasis des Messias nach Jerusalem als Weg zur Passion; IV–VI (Nr. 10–18): Die Tage des Jerusalemer Aufenthaltes Jesu, die Auseinandersetzung um seine Messianität als Vorspiel der Passion; VII–XIII (Nr. 19–39): Die Passion Jesu, des Messias, Menschensohnes, Sohnes Gottes, und die Verkündigung seiner Auferweckung.

5. Die Gattung, der Sitz im Leben und die Überlieferungsintention des rekonstruierten Textes

Eindeutige Analogien zu unserer Rekonstruktion aus sonstiger Literatur sind nicht bekannt, so daß wir den rekonstruierten Text keiner „Gattung", keiner Textsorte zurechnen können. Am ehesten ließe sich die Passionsgeschichte mit Martyrien vergleichen, doch läßt sich im Vergleich kein gemeinsames Gattungsmuster aufweisen. Wir müssen deshalb annehmen, daß die Geschichte Jesu selbst und deren Deutung in der Urgemeinde im Horizont der Schrift Israels die Großerzählung eigenständig bestimmt. Der geschichtliche Stoff, die Anabasis Jesu nach Jerusalem, sein dortiges Wirken als unmittelbares Vorspiel seiner Passion und seine Passion selbst, und die ihm angemessene Deutung (Passion des Menschensohnes) müssen wohl als der Grund einer an biblisch und nachbiblisch jüdischer Erzähltraditon geschulten Neuschöpfung angesehen werden. Die Gemeinde des Christus Jesus berichtet und deutet, wie es, in Übereinstimmung mit dem in der Schrift erkennnbaren Willen Gottes und der Prophetie Jesu selbst, zum Tod Jesu am Kreuz und zur Bildung seiner Gemeinde kam, die seine Auferweckung verkündigt. Indem sie die Passion des Christus als *des* leidenden Gerechten, des Menschensohnes, erzählt, hat sie gegenüber sonstigen Martyrien oder Leidensberichten in Prophetenbiographien eschatologisch Neues zu berichten. Sie erzählt von dem, auf den sie zu „hören" angewiesen ist (9,7) und in dessen Nachfolge und Sendung sie steht, dessen Wiederkunft sie erwartet (14,62) und dessen Umkehrpredigt in Israels Hauptstadt sie erneuert.

Sitz im Leben und Überlieferungsintention der Passionsgeschichte sind so wenig leicht bestimmbar wie ihre Gattung. Der offene Schluß der Erzählung mit 16,1–8 kann darauf hinweisen, daß die überliefernde Urgemeinde mit ihrer Erzählung der *passio* (Leiden) und *iustificatio* (Rechtfertigung) des Messias und Menschensohnes Jesus zugleich ihre eigene Gründungslegende erzählte, ihre Existenz in Jerusalem nach ihrer erneuten Anabasis in die Hauptstadt durch Leiden und Erhöhung Jesu rechtfertigte. Denkbar ist, daß die Erzählung (neben der sonst überlieferten Jesustradition aus der Zeit des galiläischen Wirkens Jesu) der katechetischen Unterweisung der für den Glauben an den in Jerusalem gekreuzigten Messias Jesus gewonnenen Juden diente; denn Jesu Kreuzigung war *der Skandal*, der verhinderte, ihm zu glauben. Die Passionsgeschichte wäre so als erzählerische Ausweitung des grundlegenden Kerygmas zu begreifen, das vom Tod und der Auferweckung des Messias kündete (1 Kor 15,3–5); als Erzählung, die den geschichtlichen Stoff dieses „Evangeliums" (1 Kor 15,1 f) überlieferte, war sie das „Evangelium der Urgemeinde".

An der Geschichte des Messias Jesus, wie sie hier erzählt wurde, war zu lernen, daß er „für unsere Sünden gestorben ist gemäß den Schriften und daß er begraben wurde und daß er auferweckt wurde am dritten Tag gemäß den Schriften".

6. *Zum Überlieferungswert des rekonstruierten Textes*

Die verbreitete Ansicht, „daß die historische Ausbeute einer gewissenhaften Analyse der Leidensgeschichte im einzelnen nicht sehr ergiebig ist", läßt sich im Blick auf Alter und Herkunft der Passionsgeschichte sowie deren zum Teil detaillierte Berichterstattung nicht halten.

Im Gegenteil, der Überlieferungswert der Passionsgeschichte ist im ganzen sehr hoch zu veranschlagen. Hier erzählen diejenigen, „die von Anfang an Augenzeugen waren und Diener der Verkündigung wurden" (Lk 1, 2), die Jünger Jesu in der Jerusalemer Urgemeinde. Sie tragen die gläubige Deutung der Geschehnisse vor, in die sie selbst einbezogen waren und auch bleibend verwickelt sind: „Wir können nicht von dem, was wir gesehen und gehört haben, nicht reden" (Apg 4, 20)!

Viele Einzelzüge, die in verbreiteter Kritik als legendär abgetan werden (z. B. die Findung des Reittiers in 11, 1–6 oder des Abendmahlssaals in 14, 12–16), erweisen sich „kritischerer", dem Überlieferungshorizont angemessener historischer Analyse als glaubwürdige Überlieferung. Für die Rückfrage nach dem historischen Jesus und nach der Theologie der ältesten Gemeinde besitzt die Passionsgeschichte unschätzbaren Wert. Der durch Jesus selbst inspirierte und durch die im Blick auf das Jesusgeschehen erfolgende alttestamentliche Schriftauslegung vertiefte Glaube der christlichen Gemeinde des Anfangs hat sich hier in der Form „narrativer Theologie" verdichtet und – dank der konservativen Redaktion des Evangelisten Markus – der Kirche erhalten.

Das „Evangelium der Urgemeinde", die alte Passionsgeschichte, will gleichsam doppelt gelesen werden: als historisches Dokument, als Quelle der Geschichte Jesu und seiner Jünger, und als theologisches Dokument, als Verdichtung des Glaubens Jesu und seiner Jünger, als Erzählung der Geschichte Gottes mit Jesus und seinen Jüngern, als theologisch gedeutete Geschichte. Als historisches Dokument steht es historischer Forschung mit allen ihren Methoden der Erhellung vergangener Geschichte offen, als theologisches Dokument will es mit den Augen des von gegenwärtiger Glaubensgemeinschaft gehaltenen Glauben gelesen werden – auch als Verdichtung gegenwärtiger Geschichte des Glaubens.

DIE AUSLEGUNG

Unsere Auslegung achtet auf die beiden eben angesprochenen Dimensionen des „Evangeliums der Urgemeinde", den geschichtlichen Stoff und den in seiner Deutung verdichteten Glauben. Beides gehört zusammen und ist miteinander verwoben; die Auslegung des Textes faltet die Dimensionen nur auseinander, am einfachsten so, daß sie in der Regel in zwei Schritten erfolgt: einer historischen Betrachtung und einer theologischen Erörterung. Eine dem Text angemessene Auslegung scheint mir diejenige zu sein, die selbst narrativ verfährt: die Geschichte (aufgrund wissenschaftlich historischer Kritik) nacherzählt und vom Glauben der Personen der Geschichte, die sie gestalteten, erlitten und überlieferten, erzählt. Unsere Auslegung folgt dem Aufbau des Textes, der anhand der angegebenen Nummern und Abschnitte des Markusevangeliums stets nachgelesen werden kann.

I. 1: Mk 8,27–30

Wenn wir berücksichtigen, wer die Erzähler des „Evangeliums der Urgemeinde" sind, die nach Jerusalem umgesiedelten galiläischen Anhänger Jesu, so läßt sich ihre Perspektive, aus der heraus sie den Anfang der Passionsgeschichte erzählen, bestimmen: Jesus hat bisher in Galiläa gewirkt, im Gebiet seines Landesfürsten Herodes Antipas. Wenn er sich nun in das Gebiet dessen Bruders, des Tetrarchen Philippus, das jenseits der Mündung des Jordan in den galiläischen See begann, zurückzieht, so mag das mit den Nachstellungen des Antipas zusammenhängen, vor denen Jesus ausweicht. Um den Sabbatbrecher Jesus, der es duldete, daß seine Jünger am Sabbat Ähren rauften (Mk 2,23–28), und selbst am Sabbat in einer Synagoge heilte, obwohl er zuvor verwarnt worden war (Mk 3,1–6), verklagen und hinrichten zu lassen, hatten sich seine pharisäischen Gegner, die ihn als falschen Propheten einschätzten, an die „Herodianer", den einflußreichen Anhang des Herodes Antipas gewandt. Herodes selbst war auf den Wundertäter Jesus aufmerksam geworden, der so viel begeisterten Anhang im galiläischen Landvolk fand; kurz zuvor hatte der Landesfürst Johannes den Täufer, der ihn öffentlich seiner gesetzeswidrigen Heirat wegen kritisiert hatte (Mk 6,17ff), hinrichten lassen, weil er in der von Johannes ausgelösten Massenbewegung, wie der jüdische Historiker Josephus Flavius berichtet, die Gefahr eines Aufstands witterte. Nun war Galiläa selbst unruhig geworden, und Herodes machte sich eine Volksmeinung zu eigen, wonach Jesus der wiederauferstandene Täufer sei (Mk 6,14–16). Pharisäische Freunde hatten Jesus gewarnt: „Geh hinaus und zieh fort von hier, denn Herodes will dich töten!" Jesus hatte ihnen geantwortet: „Zieht hin, sprecht zu diesem Fuchs: Siehe, ich treibe Dämonen aus und vollbringe Heilungen heute und morgen, und am dritten Tag werde ich vollendet. Jedoch, heute und morgen und übermorgen muß ich hinziehen, denn es ist unmöglich, daß ein Prophet außerhalb Jerusalems umkommt!" (Lk 13, 31–33).

Jesus muß Jerusalem, Israels Hauptstadt, das Zentrum seiner Glaubensgeschichte, mit der Botschaft von der Nähe der Gottesherrschaft, mit seiner Umkehr- und Glaubensforderung (Mk 1, 14f) konfrontieren: In Jerusalem muß die Entscheidung fallen, ob Israel sich zum endzeitlichen Gottesvolk sammeln, für den Plan Gottes neu gewinnen, zur Sozialordnung Gottes zurückrufen läßt.

Vor dem Zug zum Paschafest nach Jerusalem weicht Jesus mit seinen Jüngern vor dem Zugriff seines Landesfürsten aus. Er geht in die Dörfer um Cäsarea Philippi, der Hauptstadt der Tetrarchie des Philippus, die kurz vor der Zeitenwende nach dem Tod Herodes' des Großen (4 v. Chr.) von dessen Sohn ausgebaut und zu Ehren des Kaisers (Caesarea) Augustus und des Philippus selbst umbenannt worden war. Vom Nordufer des galiläischen Sees aus war das Gebiet um die Stadt in ein bis zwei Tagereisen erreichbar.

In der vorausgesetzten Verfolgungssituation sind Jesu Erkundigungen, wie das Volk ihn eigentlich einschätze und wie seine Jünger selbst zu ihm stehen, verständlich. Den Zug nach Jerusalem kann er nur wagen, wenn seine Jünger keine – politisch gefährlichen – Mißverständnisse über seine Person und seinen Auftrag stützen oder verbreiten.

Die Leute, so wissen die Jünger zu berichten (vgl. auch Mk 6, 14–16), halten Jesus für Johannes den Täufer, also für den wiedererstandenen Täufer, vermutlich aufgrund einer vorausgesetzten Identifikation des Täufers mit Elija, dem entrückten Propheten, der nach einer zeitgenössischen Erwartung vor dem Ende wiederkommen, den Märtyrertod erleiden und von Gott auferweckt werden sollte. Sie hatten die entscheidende Differenz zwischen dem strengen Asketen, dem Bußprediger moralischer Aufrüstung Israels, und Jesus, dem Heilsboten der anbrechenden Herrschaft Gottes, einer eschatologischen Befreiungs- und Sammlungsbewegung, wohl nicht wahrgenommen, auf Jesu Exorzismen und Heilungen fixiert. Andere stuften offenbar Jesus selbst als den wiedergekommenen Elija ein, nicht den Täufer. Eine dritte Gruppe schien sich mit einer vagen Einschätzung Jesu als eines Propheten zu begnügen.

Und die Jünger selbst? Petrus, ihr Sprecher, der von Jesus den Beinamen „Petrus" (vermutlich = „edler Stein") erhalten hatte (Mk 3,16), bekennt Jesus als den Christus, den Messias, den mit Gottes Geist *Gesalbten.* Was meint er damit? „Messias" war damals noch kein eindeutig festgelegter Titel. Petrus wird kaum die messianische Erwartung der Gegner Jesu vom national-politischen Befreier Israels geteilt haben; in der Schule Jesu mußte ihm der andersartige Anspruch Jesu aufgegangen sein: Jesus war der mit dem Geist Gottes gesalbte Lehrer, Prophet und Offenbarer des eschatologischen Heilsplans Gottes, der Gesandte Gottes, der in der definitiven Autorität Gottes sprach und agierte.

Freilich, herumzureden, Jesus sei der Messias, war in der unruhigen Zeit, die von messianisch-politischen Ideen geschwängert und von antirömischen Freiheitskämpfern verunsichert war, gefährlich. Deshalb das Schweigegebot Jesu, ein Gebot der Klugheit.

*

Das Bekenntnis zu Jesus als dem „Christus", der in Jerusalem gekreuzigt worden war, dessen Anspruch damit erledigt werden sollte, da das Gesetz den Gekreuzigten als von Gott Verfluchten bezeichnete (Dtn 21,23), dieses Bekenntnis war die passende Eröffnung der Passionsgeschichte, des „Evangeliums der Urgemeinde". Im „Evangelium" wird ja der *Christus* Jesus von Nazaret verkündigt, und die frohe Botschaft von seinem Tod und seiner Auferweckung fragt den Hörer, wie er sich zu ihm stelle, zu seinem ganzen Leben, seinem Auftrag und Anspruch, Gottes letzter Bote, sein definitives Wort zu sein, Gottes Lösung für das Heil Israels und der Welt zu kennen.

Gott handelt in dieser Welt nicht anders als durch Menschen, die sich ihm zur Verfügung stellen, ihm Hände und Füße, Herz, Kopf und Mund leihen, die ihm gehorsam sind. Für den religiösen Menschen, der sich Gottes Handeln ausdenkt, sich die Kriterien zu dessen Prüfung selbst bereitstellt, über die Maßstäbe verfügen will, Legitimationsansprüche stellt, ist dies der Skandal, daß ein unstudierter Handwerker aus dem hinterwäldlerischen Nest Nazaret, der einmal zu den Jüngern des Täufers Johannes zählte, den Willen Gottes ganz zu kennen beansprucht. Wie sich zu ihm stellen? „Für wen haltet ihr mich?" Die Frage, die Jesus stellt, ist *die Glaubensfrage.* Denn die Antwort will im Vertrauen auf Gott, im Glauben daran, daß Er sich ganz mit Jesus identifiziert, gegeben werden. Solange ein Anspruch Jesu, ein Programm, eine Sache Jesu usw. noch von ihm selbst unterschieden werden kann, kann ich „Gott", meinen „Gott", gegen ihn ausspielen; ich kann ihn imitieren, mich seiner Sache verschreiben wollen, aber ich folge *ihm* nicht nach, übernehme nicht seinen Gehorsam, teile nicht seinen Glauben. Die Frage „Für wen haltet ihr mich?" verlangt ein Glaubensbekenntnis, das die Basis der Nachfolge ist, das nicht nur mit den Lippen abgelegt werden kann, während das Herz sich fern hält.

Das Bekenntnis zu Jesus als dem Christus, dem Gesalbten Gottes, verlangt, seinen Weg zu akzeptieren, auch seinen Weg in den Tod, ans Kreuz. Dem erfolgreichen Prediger und Wundertäter war leicht nachfolgen, in seinem Erfolg ließ es sich sonnen. Aber dem Verfolgten? Dem Gekreuzigten? Die Erzähler der Passionsgeschichte demonstrieren alsbald (I. 2) an Petrus, der für die Jünger das Bekenntnis gesprochen hatte, die Schwierigkeit, „die Sache Gottes zu denken", sich mit Jesus, seinem konkret-geschichtlichen Weg ganz zu identifizieren – ohne alle Besserwisserei.

Die Erkenntnis, daß Jesus der Christus, der Gesalbte Gottes, ist, kann und darf nicht leichtfertig herumgeredet werden, obwohl sie verkündigt werden muß. Das Prädikat „Christus" war und ist vieldeutig, seine Eindeutigkeit und Einmaligkeit erhält es erst durch Jesus selbst, sein Wort, seine Taten, seine Person, seine Geschichte. Deshalb muß sie im Evangelium erzählt werden, sein Weg in der Nachfolge nachgegangen werden in die von ihm eröffnete Zukunft des Anbruchs der Herrschaft Gottes. In der Passionsgeschichte erzählen die Jünger auch ihren Weg der Nachfolge, unbeschönigt, den Weg, der in der Gemeinde des Auferstandenen weiterführt und zu „dem Weg" geworden ist, auf den die Verkündigung der Urgemeinde rufen darf.

I. 2: Mk 8, 31–33

Der Zug Jesu nach Jerusalem hatte ihn ans Kreuz geführt. Zwar konnte die Gefahr, die Jesus drohte, den Jüngern nicht verborgen geblieben sein; vielleicht hatte Jesus selbst in verhüllten Andeutungen von seinem kommenden Tod gesprochen. Aber wie mit dem schrecklichen Ereignis selbst fertig werden, dem Tod des Messias, dem Gekreuzigten, auf dem der Fluch des Gesetzes zu lasten schien? Wie die Passion des Menschensohnes als „Sache Gottes" denken und den sich gegen das Kreuz auflehnenden menschlichen Protest zum Schweigen bringen?

Die Erzähler der Passionsgeschichte fügen an den Bericht vom Messiasbekenntnis des Petrus eine vermutlich konstruierte Szene an, in der Jesus unter Rückgriff auf die Prophetie der Schrift Israels, Gottes Verheißung, die im Licht der Erfüllung laut zu reden beginnt, die Antwort gibt: Der Menschensohn *muß* leiden … Er erfüllt das Leiden *des Gerechten* (Ps 34, 20), der ganz für Gottes Sache eintritt und von der gottfeindlichen Welt, die ihre eigenen „Götter" hat, abgelehnt wird.

Jesus wird als Belehrung der Jünger eine Prophetie in den Mund gelegt, die sein Leiden, seine Verwerfung durch die

Repräsentanten des jüdischen Volkes, seinen Tod – aber auch seine Auferstehung als „göttliches Muß", als ein Geschehen auslegt, das dem Willen Gottes, wie er schon im Alten Testament vorausverkündigt wurde, entspricht. Die Herrschenden, so wissen es die Leidenspsalmen, die Gottesknechtslieder des Deuterojesaja und die kleine Leidensgeschichte in Weish 2, 12–20; 5, 1–7, sind die Feinde und Bedrücker des Gerechten.

„Die Ältesten" vertraten das privilegierte Jerusalemer Patriziat und waren Gefolgsleute „der Hohenpriester", der Inhaber der gehobenen Tempelämter, der Priesteraristokratie, der politischen Führungsmacht in Jerusalem; „die Schriftgelehrten", die Juristen und Theologen, repräsentierten den pharisäischen Einfluß im Synedrion, der obersten jüdischen Behörde. Die Verwalter des *status quo* fühlen sich als „die Bauleute" der Zukunft des Volkes und „verwerfen den Stein, den der Herr zum Eckstein gemacht hat" (Ps 118, 22; vgl. Mk 12, 10f). Daß Israel seine Propheten „tötet", ist bereits ein Erfahrungssatz zeitgenössisch jüdischer Theologie, den die Urgemeinde im Geschick des letzten Propheten bestätigt sieht.

Die Prophetie Mk 8, 31 bindet Jesu Abweisungs- und Verwerfungsgeschick mit seinem Tod zusammen – trotz des Wollens Gottes eine Belastung der Menschen, ihre Schuld. Gottes Handeln an seinem Gerechten geschieht „nach drei Tagen", „am dritten Tag", wie mit einer jüdisch-traditionellen theologischen Zeitansage formuliert ist (vgl. Hos 6, 1; Jona 2, 1). Auferstehung ist die göttliche Rechtfertigung des Gerechten, Gottes Identifikation mit seinem Tod. Zu Beginn der Passionsgeschichte wird der Weg Jesu umfassend vorhergesagt, in ihrem Verlauf wird er detailliert.

Ihre unerhörte Spannung gewinnt die Passionsweissagung durch die Verwendung des Ausdrucks „Menschensohn", der seit Dan 7, 13 in jüdischer Tradition Deckname für den eschatologischen Gerichtsbevollmächtigten Gottes ist, Deckname dessen, der auf Gottes Thron an Gottes Stelle das Endgericht vollziehen soll, weil er *der Gerechte* ist. Jesus hatte vom Menschensohn gesprochen (Lk 12, 8 f par), um zum Ausdruck zu bringen, daß an der Stellungnahme zu ihm die Gerichtsentscheidung sich gegenwärtig schon vollzieht. Jesus hat seinen Anspruch im Horizont einer Menschensohnmessianologie geortet (vgl. unten VI. 16), einer Christologie, die bruchlos in die Sohn-Gottes-Christologie übergeht. Denn der Menschensohn ist der gottunmittelbare „Sohn Gottes", gegen den Gott nicht mehr ausgespielt werden kann.

Ihn verwerfen heißt Gott gegen ihn ausspielen wollen; aber auch gegen sein Leiden zu protestieren, ihn zu schelten, ist ein solcher Versuch. Die Urgemeinde spiegelt ihre Versuchung im Protest des Petrus, der von Jesus scharf zurechtgewiesen wird: als ein „Satan", ein „Hinderer", ein Widersacher des Gerechten, ein Versucher und Verführer. Die Jünger gestehen ihre Schuld ein, daß sie „die Sache der Menschen" gedacht haben und sich so auch zu Gegnern Jesu machten. Ihr Eingeständnis ermöglicht denen, denen sie das „Evangelium" verkünden und die im Spiegel des Petrus sich selbst erkennen können, die Umkehr. Petrus ist als Repräsentant der Jüngergemeinde eingeführt, die vom Zeugnis der Schrift, vom Wort Jesu und durch den Geist Gottes gegen ihren menschlichen Widerstand zum Glauben an den gekreuzigten Messias überwunden und neu auf seinen Weg gestellt wurde: „Geh hin, mir nach!"

*

Warum „muß" der Menschensohn leiden? Das „Evangelium der Urgemeinde" gibt eine doppelte Antwort: Weil Gott es will, wie der weiß, der an die Sache Gottes denkt, *und* weil die Menschen ihre eigene Sache denken. Die Vernunft des Menschen rebelliert nicht nur gegen das Leiden des Messias, sie veranlaßt und bewerkstelligt es sogar in ihrem religiös-politischen Kalkül. Rebellion und Bewerkstelligung schließen sich aber nochmals in einem geheimen Bündnis zusammen. Die Rebellion ist Unglaube, mangelndes Vertrauen auf Gott, der für seinen Gerechten, der ja ihn selbst vertritt, auch wenn er ihn ins Leiden ausliefert (vgl. Mk 9,31), eintritt: „Die Toren sagen in ihrem Herzen: Es gibt keinen Gott!" (Ps 14,1). Die Widersacher des Gerechten „verstehen von Gottes Geheimnissen nichts" (Weish 2,22), ebenso wie „die Übeltäter keine Einsicht haben" (Ps 14,4). Die Rebellion gegen das Leiden des Messias entspringt „menschlichem Denken", da der Mensch seine eigenen Pläne macht, sich, wo es ernst wird, doch heraushalten möchte, nicht „nachfolgen" will. Die Rebellion gegen das Leiden traut Ps 34,20 nicht: „Der Gerechte muß viel leiden, doch allem wird der Herr ihn entreißen", weil der Mensch sich lieber (weil vermeintlich sicherer) selbst allem entreißen, entziehen möchte.

Die Bewerkstelligung des Leidens entspringt derselben Wurzel des Eigenwillens, auch sie geschieht unter dem Schein des Guten: „Es ist besser für euch, wenn ein Mensch für das Volk stirbt, als daß die ganze Nation zugrunde geht" (Joh 11,50). Die Bewerkstelligung des Leidens entspringt der Rivalität unter den Menschen, und diese – wie im Johannesevangelium bloßgelegt wird – der Rivalität mit Gott, dem abgründigen Haß gegen ihn, der sich auf seine Gesandten besonders entlädt.

Weil die Menschen ihre eigene Sache denken, muß der Messias leiden, müssen, wie die Urgemeinde es selbst fortlaufend erfährt (vgl. Apg 3–8), seine Boten leiden. Aber: Weil Gott es will? Welche „Sache Gottes" ist es, die der Mensch denken muß, wenn er dies verstehen will? Den Willen Gottes selbst! Jesus hat ihn mittels des vierten Gottesknechtliedes Jes 52,13–53,12 gefunden und im Gehorsam gewußt, „daß sich durch ihn der Wille Gottes durchsetzt" (Jes 53,10; vgl. unten VIII. 24), durch sein Leiden, durch seinen Tod. Aber warum durch sein Leiden? Wenn nicht der menschliche Wille geschehen soll, sondern Gottes Wille, wie dürfte der Mensch sein Leben, sein Leiden, seinen Tod Gott vorenthalten? Da Gott das Leben, das Heil der Menschen in seinem Volk will, wie die Schrift Israels von der ersten bis zur letzten Seite bezeugt, ist er auf das gehorsame Leiden seiner Gerechten angewiesen, die ihm ihre Leidensfähigkeit zur Verfügung stellen, damit er durch sie „alle die verirrten Schafe, von denen jedes für sich seinen Weg geht" (Jes 53, 6), wieder sammeln kann: durch die, die seinen Weg gehen und unter der Gottlosigkeit der Gesellschaft leiden „müssen".

Die Passionsgeschichte vertieft und beantwortet die Frage, die sie zu Beginn aufwirft, immer neu in ihrer Erzählung, mit ihrer „narrativen Theologie". Sie beantwortet die Frage durch die Geschichte Jesu – nicht durch Spekulation, und mittels ihrer eigenen Erfahrung auf dem Weg Jesu, „hinter ihm, ihm nach".

I. 3: Mk 9, 2–8

Von der Auferstehung Jesu, auf die in der Prophetie Mk 8, 31 schon vorgeblickt wurde, und von Erscheinungen Jesu wird am Schluß der Passionsgeschichte nicht erzählt; die Auferstehung wird als Geschehen vom Grabesengel verkündigt (Mk 16, 6), Erscheinungen werden verheißen (Mk 16, 7). Die Verklärungserzählung ist – gewissermaßen ersatzweise – als Inszenierung einer proleptischen Schau der Auferstehungswirklichkeit Jesu an den Beginn gerückt. Das Problem des Leidens Jesu wird weiter verarbeitet, der Gerechtfertigt-Auferweckte als der vorgestellt, auf den es bleibend zu hören gilt.

Die Datierung der Erzählung „nach sechs Tagen" historisiert die apokalyptische Szene, enthält aber auch bereits ein „Signal", das auf eine Offenbarungsszene hinweist. Ex 24, 16 f erscheint „die Herrlichkeit des Herrn auf dem Gipfel des Berges" am siebten Tag: „Die Wolke bedeckte den Berg sechs Tage lang. Am siebten Tag rief der Herr mitten aus der Wolke den Mose herbei." Das Zeit*signal* läßt erwarten, daß Jesus „auf dem hohen Berg", dem Offenbarungsberg, vor den ausgewählten Zeugen, den drei vertrauten Jüngern (vgl. Mk 14, 33), als „neuer Mose", der vom Fluch des Gesetzes nicht gerichtet ist, offenbar werden wird.

Die Verwandlung Jesu, gottgewirkt, ist für die Augen der Jünger bestimmt: Jesus erscheint in seiner zukünftigen Auferstehungsherrlichkeit, die mit traditionellen jüdischen Bildern beschrieben wird: mit dem glänzend weißen Gewand der Himmlischen. Den Jüngern wird das Ziel des Leidensweges des Menschensohnes gezeigt.

Auch die Erscheinung von Elija mit Mose, die als entrückte Propheten gelten, ist für die Jünger bestimmt. Die Vision, die ihnen zuteil wird, bestätigt, daß Jesus zu den Himmlischen gehört, die mit ihm reden. Offenbar soll sein Verhältnis zu ihnen, den großen Gestalten Israels, geklärt werden.

Petrus macht einen, vom Erzähler nachfolgend getadelten, unangemessenen Vorschlag: er will irdische Hütten für himmlische Gestalten bauen, Jesu Auferstehungsherrlichkeit gleichsam festhalten. Doch Jesus ist nur proleptisch verwandelt und muß den Weg durch das Leiden (V 12) zur Auferstehung (V 9) noch gehen; Mose und Elija sind nur erschienen, nicht ins Erdenleben zurückgekehrt; Elija war vielmehr schon da (V 13). Die Passionstradition zeigt durchweg unverständige Jünger (vgl. 8,32; 9,32; 14,26–42). Zur Vision gesellt sich die Audition, die Stimme, die aus der Wolke ergeht, welche die Jünger überschattet und Gottes Gegenwart symbolisiert. Jesus wird mit dem von Jes 42,1; Ps 2,7 und Gen 22,2.12.16 inspirierten Titel „der geliebte Sohn" als der eschatologische Prophet, „der neue Mose", der Messias präsentiert. Auf ihn, den Mose Dtn 18,15 angekündigt hat, gilt es zu hören, wenn es um den Willen Gottes geht, gerade auch seinen Willen, der Jesus ins Leiden führt. Das Ende von Vision und Verklärung erfolgt stilgemäß (wie in apokalyptischer Literatur üblich) „unversehens"; die Jünger sind wieder mit Jesus allein. Der abrupte Schluß der Offenbarungsszene drängt auf eine weitere Klärung, die im Abstiegsgespräch (II. 4) erfolgt.

*

Auf wen gilt es zu hören? Die uralte Frage der Unterscheidung der Geister! Das „Evangelium der Urgemeinde" läßt sie durch die Stimme aus der Wolke, in der sie ihre Glaubenserfahrung verdichtet, beantworten: auf den Jesus, der als Menschensohn leiden mußte und auferweckt, gerechtfertigt wurde, bei Gott recht behielt. Nicht Mose, auf den sich Israel gegen Jesus beruft, nicht Elija, der in Johannes dem Täufer wieder gekommen schien, sind die entscheidenden Gestalten der Heilsgeschichte; der geliebte Sohn, der den Willen des Vaters ganz kennt, ist Jesus von Nazaret.

Wenn Gottes Herrlichkeit sich überwältigend Bahn bricht, ist der Mensch schnell mit einem „Trefflich ist's, daß wir hier sind!" zur Stelle. Doch wenn es darum geht, Gott im Leiden zum Zug kommen zu lassen, tritt die Rebellion auf den Plan. An Petrus ist gezeigt, wie der Mensch die Situation auf dem Weg in der Nachfolge überspringen möchte, auf apokalyptische (gleichsam „magische") Weltverwandlung hofft, auch wo er sich mit seinen Händen engagieren will. Er weiß nicht, was er antworten soll, weil er nicht hört!

Die Urgemeinde verkündigt: Wer auf Jesus hört, hört auf Gott. Sie hatte es mit dem konkurrierenden Anspruch ihrer jüdischen Volks- und früheren Glaubensgenossen zu tun, wer auf Mose höre, höre auf Gott, oder dem Anspruch der Täuferjünger, wer auf Johannes, den wiedergekommenen Elija höre, höre auf Gott. Wie soll solche Konkurrenz, die auch heute nicht aufgehoben, eher vervielfältigt ist, entschieden werden? Nach der Auskunft unseres „Evangeliums" durch Hören auf Gott, die Stimme der Wolke! Freilich wußten die Jünger Jesu so gut wie wir, daß Gott nicht aus Wolken redet. Die Wolke ist nur das Symbol dafür, daß der auf Gott Hörende nicht seine eigene Stimme, die Stimme seiner Wünsche, Entwürfe, Projektionen vernimmt. Wie aber redet Gott? Durch Menschen, definitiv durch Jesus von Nazaret!

Ein schöner Zirkel? Eine leere Behauptung? Nach biblischem Glauben läßt „die Wolke" sich nur dort „überschattend" nieder, wo der Mensch ihr Wohnung gewährt, nicht seine eigene Ehre sucht. Der johanneische Jesus sagt: „Ich bin im Namen meines Vaters zu euch gekommen, und ihr nehmt mich nicht auf. Käme irgendein anderer in seinem eigenen Namen, so würdet ihr den mit offenen Armen aufnehmen. Wie könnt ihr zum Glauben kommen, wenn ihr voneinander Ehre annehmt, statt nach Ehre zu suchen, die allein von Gott kommt?" (Joh 5,43f). Und zuvor sagt Jesus: „Ehre von Menschen nehme ich nicht in Anspruch" (V 41)!

Durchbrochen wird der Zirkel, wo nach der Ehre gesucht wird, die allein von Gott kommt, wo der Mensch die Stimme seiner Ehrsucht so zum Schweigen bringt, daß die durch Jesus ergangene Rede Gottes gehört werden kann. Jesus nahm Mose als Zeugen für sich in Anspruch (vgl. Joh 5,45–47) und er kann jeden für sich als Zeugen beanspruchen, der nicht seine eigene Ehre sucht. Und die Jüngergemeinde Jesu zeugt nur für ihn, wenn sie nicht ihre eigene Ehre sucht (vgl. II. 6).

II.4: Mk 9,9–13

Beim Abstieg vom Berg (vgl. Ex 34,29) wird den Jüngern im Schweigegebot der Sinn der Verklärungsszene im Wort aufgeschlüsselt: Sie haben den Menschensohn in seiner Auferstehungsherrlichkeit gesehen; er gehört nicht zu den Toten. Die Befristung des Schweigegebots deutet an, daß Jesu Leiden erst nach seiner Auferstehung begriffen wird wie *seine* Auferstehung ohne *sein* Leiden, das Leiden des Menschensohnes, nicht verstanden ist. Die nachfolgende Diskussion zeigt, daß die Auferstehung des Menschensohnes von den Entrückungen des Elija und des Mose unterschieden wird.

Im Gesamtzusammenhang der Passionsgeschichte hat das befristete Schweigegebot auch die Funktion, auf die Auferstehungsperikope 16,1–8 vorauszuweisen. Wenn die Nachricht der Frauen die Jünger erreicht, beginnt deren Erzählen, das im „Evangelium der Urgemeinde" vorliegt.

Die Diskussion der Jünger, die gehorsam die Sache bei sich behalten, gilt wohl der Frage, was die Totenauferstehung im Blick auf Jesus selbst bedeute. Sie fragen Jesus, warum die Schriftgelehrten das Kommen des Elija vor der Totenauferstehung lehren. Wenn *Elija* zuerst kommen muß, wie steht es dann mit der Sendung und dem Geschick Jesu, des Messias und Menschensohnes?

Jesu Antwort bekräftigt ausdrücklich die auf Mal 3,23f; Sir 48,10 gestützte Erwartung, wonach Elija zuerst kommt und „alles wiederherstellt". Jedoch, die Wiederherstellung von „allem" durch den Vorläufer Elija erspart dem Menschensohn nicht den Tod; denn die Schrift zeugt auch für das Leiden des Menschensohnes, das geschehen *soll* und *muß* (8, 31). Offen bleibt zunächst die Frage, wie sich die genannten, auf die Schrift gestützten Erwartungen zueinander verhalten. Geklärt wird sie durch die Feststellung, daß Elija (in Johannes dem Täufer) schon gekommen ist, dessen Leidensgeschick die Urgemeinde seiner Vorläuferrolle integriert.

*

Auch Elija-Johannes war der Willkür seiner Gegner preisgegeben, die mit ihm machten, was sie wollten. Aber sein Leiden war nicht das Leiden des Menschensohnes, und entsprechend ist er nicht *der* Erhöhte, auf den es zu hören gilt. Er kam vor dem Ende, am Ende selbst jedoch der Menschensohn.

Die Urgemeinde, die mit der Geschichte Jesu auch die Anfänge ihrer Geschichte erzählt, muß diese Geschichte deuten. Da Johannes der Täufer darin eine wichtige Rolle spielte – auch Jesus hatte sich ja von ihm taufen lassen –, mußte diese Rolle bestimmt werden: als Vorläuferrolle.

Wie geschieht gläubige Deutung der Geschichte? Durch eine Ordnung des Geschehens von seinem Ende her, in der Passionsgeschichte: vom Tod und der Auferweckung Jesu her. Johannes starb als Märtyrer für das Gesetz, Jesus als Zeuge der Herrschaft Gottes, seiner Liebe, scheinbar vom Gesetz verurteilt. „Was das von den Toten auferstehen sei", kann zwar allgemein diskutiert, aber nicht allgemein beantwortet werden; denn der Tod des Vorläufers ist nicht der Tod des Messias. Zwar gilt auch für Johannes das „Muß" des Leidens, das den Gerechten trifft; jedoch seine Gerechtigkeit, an Gottes Gericht einseitig orientiert, blieb hinter der Gerechtigkeit Gottes noch zurück. So konnte er nur Vorläufer sein. Erkennbar wurde dies freilich erst, da Jesus Gottes barmherzige Gerechtigkeit in Leben und Tod bezeugte, vom Ende her. Vom Ende her ordneten sich auch die Linien der Prophetie, freilich nur einer Gemeinde, die auf dem Weg der Gerechtigkeit Jesus nachfolgte. Gläubige Deutung der Geschichte bleibt an gegenwärtige Glaubenserfahrung gebunden und an das Zeugnis der Schrift, in der Zeit der nachapostolischen Kirche: der Schrift des Alten und des Neuen Testamentes. Das gegenwärtige Unvermögen der Kirche und ihrer Gemeinden, ihre Geschichte zu deuten, ist ein bedenkliches Phänomen.

II. 5: Mk 9,30–32

Nach dem Rückzug in die Dörfer um Cäsarea Philippi kehrt Jesus mit den Jüngern nach Galiläa zurück, offenbar, um den Zug zum Paschafest nach Jerusalem vorzubereiten.

Wie er nicht wollte, daß seine Jünger herumreden, er sei der Messias, so will er jetzt nicht, daß jemand seine Rückkehr erfahre. Sein Auftrag in Jerusalem darf nicht gefährdet werden. Die Auslieferung des Menschensohnes in die Gewalt der Menschen, seine Preisgabe durch Gott, ist vielleicht von Jesus selbst in dem geprägten Spruch verhüllt angekündigt worden: „Der Menschensohn wird ausgeliefert in Menschenhände". „Die Menschen" sind die gottwidrigen Menschen, das von Gott abgefallene Israel.

Die Erzähler der Urgemeinde fügen in Analogie zu Mk 8,31 hinzu, daß die Menschen den Menschensohn töten werden, daß der Getötete aber nach drei Tagen auferstehen wird. Sie setzen im sogenannten „Kontrastschema" wieder das Handeln der Menschen und das Handeln Gottes gegeneinander, so daß auch die Auslieferung Jesu jetzt als das feindselige Handeln von Menschen verstanden wird: Judas wird Jesus den Hohenpriestern ausliefern, diese liefern ihn an Pilatus aus, Pilatus liefert ihn den Schergen zur Kreuzigung aus.

Das Unverständnis der Jünger, zunächst wohl auf Jesu dunkles Wort bezogen, gewinnt im Kontext der ganzen Passionsgeschichte mehr Gewicht. Es ist das Unverständnis derer, die zuletzt fliehen, sich nicht ganz engagiert haben, ja sogar Furcht haben, Jesus direkt zu fragen, was er denn über seine Zukunft denke.

*

Zum Verstehen gehört das Inter-esse, das ungeteilte Dabeisein, das Engagement. Wer sich aus einer Sache heraushalten will, sich distanziert, versteht nicht. Und in den Spalt seiner Distanz zwängt sich die Angst, die Verstummen macht, sogar Fragen (die angeblich nichts kosten) unterdrückt. Das ungeteilte Interesse an der Geschichte Jesu läßt seine Jünger nach Ostern nichts beschönigen; weil sie mit der Passion Jesu nicht ein-verstanden waren, verstanden sie seine Rede nicht. Ihr Eigeninteresse (vgl. II.6) hinderte sie, ganz bei Jesus zu sein, verstellte ihren Blick, verschloß ihr Ohr. Nach einer langen Phase hermeneutischer Diskussion scheint auch gegenwärtig die Einsicht wieder zu dämmern, daß nicht der historische Abstand, der uns von der Geschichte Jesu und seiner ersten Gemeinde trennt, nicht der garstige Graben der Geschichte, den die historische Forschung mit allen Mitteln der historisch-kritischen Methode zu überwinden trachtet, das eigentliche, zentrale Verstehensproblem bildet, sondern die Distanz des Herzens, die Verstockung.

II.6: Mk 9,33–35

Warum die Jünger Jesu Rede nicht verstanden haben, wird in der Szene im Haus – vermutlich dem Haus des Petrus – in Kafarnaum klar. Die Jünger haben sich unterwegs unterhalten. Jesu Frage wirkt wie ein vom Wissen um die Überlegungen der Jünger getragener Vorwurf.

Betroffenes Schweigen als Reaktion der Jünger ist sachgemäß. Der Erzähler muß die Hörer über das Thema der Unterhaltung unterrichten; es war die Frage, „wer größer sei". Sie zeigt die Jünger nicht nur in einem konkurrierenden Denken befangen, sondern legt auch ihre Distanz zu Jesus, den ganz andere Gedanken beschäftigten, bloß. Auch wenn die Gedanken der Jünger religiös fromme Gedanken waren, Überlegungen, welche Stellung ihnen in der Sammlungsbewegung Jesu zukomme, wem welcher Rang gebühre – es waren Gedanken, die nicht die Sache Gottes, sondern die Sache von Menschen (Mk 8,33) im Blick hatten.

Jesus hingegen hält fest, daß unter dem Anspruch der Gottesherrschaft in der Gemeinschaft, die sich nach Gottes Sozialordnung richtet, die weltlichen Verhältnisse umgekehrt werden: Der Erste ist Allerletzter und Diener aller.

In der Jüngergemeinde sind alle Erste und Letzte, insofern alle einander dienen.

Zweifellos wird dies auch gerade im Blick auf die Zwölf, die Leiter der Urgemeinde, im „Evangelium der Urgemeinde" festgehalten.

*

„Wer größer sei?" – die Frage, welche die Menschen bewegt, solange wir unsere Geschichte kennen. Die Frage, welche die Passion der Menschheit unaufhörlich in Gang hält! Sie in Klassen spaltet! „Aller Letzter und aller Diener" will niemand sein – außer Jesus. Es gehört zu den Eigentümlichkeiten seines Auftretens, zum Geheimnis seiner Autorität, daß er so von der Sache Gottes ergriffen ist, daß er sich mit niemand vergleichen, mit niemandem rivalisieren muß. Im Gegenteil, er durchschaut den Zirkel von Lüge und (geheimer oder offener) Gewalt, der von dem Streben nach Größe, der ersten Hauptsünde des Hochmuts, in Gang gehalten wird – und durchbricht ihn. Er geht seinen Jüngern ins Leiden voran (vgl. III.7).

Wer größer sein will, wer „Erster" sein will, will sein wie... Er richtet sich an einem vorgegebenen Vorbild aus, ahmt es nach, wird durch die Begierde in die Rivalität mit ihm getrieben. Biblische Überlieferung kennzeichnet die Begierde als die Ur-Sünde, welche menschliche Gemeinschaft zerbricht. Die Begierde, größer zu sein, ist zutiefst die Begierde, wie „Gott" sein zu wollen, die dem Begehrenden den Rivalen als potentiellen „Gegen-Gott" erscheinen läßt, die zum „Götter-Kampf" führt, wie er in den Mythen mit Recht anthropomorph verdichtet ist. Die biblische Überlieferung zeigt in Gen 3–4, den beiden zusammengehörigen

Kapiteln der Sündenfallgeschichte, wie die Begierde, die sein will wie Gott, den Menschen zum Brudermord treibt.

Die Begierde weiß sich zu tarnen, zu verschleiern, den Begehrenden zu täuschen, bis er die Frage, „wer größer sei", als fromme, berechtigte Frage stellt und Demut heuchelt. Wie kann sie überwunden werden? Dadurch, daß der Jünger Jesu sich zum Diener aller machen läßt (nicht selbst macht!), sich seinen Dienst zuweisen läßt im Rat aller Dienenden.

Wenn das „Evangelium der Urgemeinde" die Schwächen der Jünger, vorab des Petrus, des „Ersten" in ihrer Mitte, nicht verschweigt, so ermutigt es alle, die neu zum Glauben, in die Nachfolge Jesu kommen, sich ganz, *mit* allen ihren Schwächen in den Dienst der Gemeinde zu stellen, damit sie das Leben unter Gottes Herrschaft als das heilvolle Leben einer klassenlosen Gesellschaft darstellen kann, in der nicht Grieche oder Jude, Herr oder Sklave, Mann oder Frau gilt.

Wo die Christen sich „unterwegs" wieder unterhalten, „wer größer sei", entsteht in der Kirche die Klassengesellschaft neu, der Weg Jesu wird pervertiert.

III. 7: Mk 10,1.32–34

Von Kafarnaum aus bricht Jesus mit seinen Jüngern auf, um nach Jerusalem hinaufzuziehen. Der Weg der galiläischen Festpilger führt durch die Jordansenke über Jericho in die heilige Stadt. Der Jordan trennt Judäa und Transjordanien, das Gebiet jenseits des Jordan. Dem Zug Jesu und seiner Jünger schließen sich weitere Festpilger an. Jesus, der zuletzt geheim durch Galiläa gezogen war, lehrt auf dem Weg nach Jerusalem wieder das galiläische Volk, das ihm vor den Toren Jerusalems messianische Ovationen darbringen und ihn während der Tage im Tempel vor dem offenen Zugriff der Jerusalemer Führung schützen wird.

Jesus führt den Zug der Jünger und der folgenden Festpilger an; der Schauder der Jünger und die Furcht der Volksscharen deutet Beklommenheit an. In Jerusalem werden entscheidende Tage folgen.

Die Erzähler der Passionsgeschichte haben mit der dritten Leidens- und Auferstehungsweissagung, die nicht als öffentliche Belehrung der Scharen, sondern als Unterweisung der Jünger, hier nochmals eingeschränkt der Zwölf, vorgestellt ist, die beklommene Situation nachträglich gedeutet. Jesus sagt den Zwölfen, was ihm zustoßen wird, in einer detaillierten Aufzählung der Stationen seiner Passion, der Geschehnisse, die sich nach göttlichem Ratschluß ereignen sollen.

Nach dem Hinweis auf die gegenwärtige Anabasis, an der die Zwölfe teilhaben, wird das Geschick des Menschensohnes im Futur beschrieben, und zwar deutlich in Anlehnung an die alttestamentlichen Traditionen vom leidenden Gerechten. Die Auslieferungsaussage von 9,31 wird präzisiert, mit den Hohenpriestern und Schriftgelehrten kommt auch Judas – obwohl noch nicht genannt – in den Blick (14,1–2.10–11). In sechsfacher Aufzählung, deren Reihenfolge nicht ganz der Abfolge der später geschilderten Ereignisse entspricht, wird das Handeln der Gegner am Menschensohn vorhergesagt: Verurteilung zum Tode (14,64), Auslieferung an die Heiden (15,1), Verspottung (15,20.29–32), Bespeiung (14,65; 15,19), Geißelung (15,15) und Tötung; Tötungs- und Auferstehungsaussage („Kontrastschema") schließen auch diese dritte Prophetie ab.

*

Die Traditionen vom Leiden des Gerechten liefern der Urgemeinde maßgebliche Stichworte für die Bildung der detaillierten Prophetie, die nochmals unterstreicht, daß die Passion des Menschensohns unter dem „Muß" göttlichen Willens steht:

„Sie wollen das Leben des Gerechten vernichten
und verurteilen schuldlose Menschen" (Ps 94,21).
„Zu einem ehrlosen Tod wollen wir ihn verurteilen,
er behauptet ja, es werde ihm Beistand zuteil" (Weish 2,20).
„Ich aber bin ein Wurm und kein Mensch,
der Leute Spott, vom Volk verachtet.
Alle, die mich sehen, verlachen mich,
verziehen die Lippen, schütteln den Kopf" (Ps 22,7–8).
„Zum Spott geworden bin ich all meinen Feinden" (Ps 31,12).
„Zum Spott für die Leute stellte er mich hin,
ich wurde einer, dem man ins Gesicht spuckt" (Ijob 17,6).
„Mein Gesicht verbarg ich nicht,
als sie mich verhöhnten und bespuckten" (Jes 50,6).
„Er wurde durchbohrt wegen unserer Verbrechen,
wegen unserer Sünden mißhandelt" (Jes 53,5).

Was Jesus zustößt, ist das Geschick des Gerechten, das nur Schauder und Furcht, Beklommenheit auslösen kann.

Wegen unserer Verbrechen, wegen unserer Sünden ... Der Glaubende weiß, daß Jesus wegen seiner Verbrechen, seiner Sünden gestorben ist, weil er mit Beklommenheit die universale Verstrickung der Menschheit in ihre Begierde an sich selbst ebenso deutlich wahrnimmt wie an den anderen. Der Weg, der aus dieser Verstrickung herausführt, ist der Weg Jesu, seiner Passion. Die Glaubenden sind blinde Bettler am Weg, die geschrien haben „Sohn Davids, Jesus, erbarme dich meiner!", von ihm sehend gemacht wurden und ihm auf dem Weg nachfolgen durften.

III. 8: Mk 10,46–52

Eine Woche vor seinem Todestag, freitags, trifft Jesus in Jericho ein, dem Sammelplatz der galiläischen Festpilger vor der letzten Tagereise durch die judäische Wüste hinauf nach Jerusalem. Die Oasenstadt in der Jordansenke, nahe beim Toten Meer, bot sich für die Unterbrechung des Zugs nach Jerusalem am Sabbat an. Beim Aufbruch Jesu und seiner Jünger und einer beträchtlichen Pilgermenge in der Frühe des ersten Wochentags sitzt am Weg, der nach Jerusalem führt – in bettelstrategisch günstiger Position, zumal die frommen Juden vor dem Paschafest besonders zum Almosengeben verpflichtet waren –, ein blinder Bettler, dessen Namen leicht in Erinnerung bleiben konnte, zumal er mit nach Jerusalem hinaufgezogen war: Bartimäus. Da Jesus den Sabbat über in Jericho war, konnte Bartimäus von dem galiläischen Propheten erfahren haben, der in Galiläa als Wundertäter Aufsehen erregt hatte. Da Bartimäus hört, daß Jesus nach Jerusalem aufgebrochen ist und vorbeizieht, ruft er den Nazarener als „Sohn Davids", nach einem Zweig jüdischer Sohn-Davids-Erwartung wohl als Wundertäter, um Erbarmen an. Ob die vielen, die ihn zum Schweigen bringen wollten, es aber nicht vermochten, eine Belästigung Jesu zu verhindern suchten oder den national-politisch mißdeutbaren Titel „Sohn Davids“ von Jesus fernhalten wollten, ist nicht auszumachen, da die Erzähler ihr Verhalten nicht motivierten. Jesus weist Bartimäus nicht ab, läßt ihn rufen. In der anonymen Menge, so lassen es die Erzähler vorstellen, läuft die Meldung bis zum Blinden hin; ihm wird Mut zugesprochen, er soll aufstehen, denn Jesus ruft ihn. Bartimäus wirft den Mantel, auf dem er wohl sitzt und der gleichzeitig über seine Schultern gelegt ist, ab, springt auf und kommt zu Jesus.

Jesu Frage ist eine Antwort auf den Hilferuf des Bettlers; Jesus erkundigt sich nach seinem Wunsch. Der Blinde redet Jesus in ehrfurchtsvoller Weise mit „Rabbuni“= „Mein Herr“ an und bittet um die Heilung seiner Blindheit. Jesus spricht ihm mit einer Entlassungsformel („Geh hin“) und der Konstatierung seines rettenden (durch das Erschwernis der Abweisung durch die Menge erprobten) Glaubens die Heilung zu. Der sofort Geheilte zieht mit hinauf nach Jerusalem, wo vor den Toren der Stadt im Jubel der Festpilger die frühmorgens bei Jericho gezündete Hochstimmung Ausdruck findet.

*

Die Passionsgeschichte, das „Evangelium der Urgemeinde“ enthält nur diese eine Heilungswundererzählung, eine stark dialogisierte und von konkreter Anschaulichkeit geprägte Geschichte, die gewiß Erinnerung an die Heilung des Timäussohnes in Jericho verwahrt, keine späte fiktive Bildung ist. Gerade im konkreten geschichtlichen Stoff dieser Erzählung spiegelt sich aber die Struktur der Heilung des Glaubenden. Bartimäus hat von der Möglichkeit seiner Heilung gehört, die Jesus von Nazaret verbürgt, und da dieser des Wegs kommt, schreit er zudringlich um Hilfe und läßt sich nicht abweisen. Die Zudringlichkeit der Heilung und Recht Suchenden wird von Jesus immer wieder gelobt, ja er hat gefordert, man müsse Gottes Herrschaft wie ein Räuber an sich reißen. Der rettende Glaube ist die Bewegung, die ganz zum Ort der Rettung hintreibt, „aufspringen" läßt. Der rettende Glaube läßt sich nicht hindern (vgl. Mk 2,4f). Freilich bedarf er des konkreten Ortes der Rettung, auf den er sich bezieht: Jesu und seiner Nachfolger.

Bartimäus mußte zu Jesus kommen; sich zu sagen, Jesus könne ihn heilen, hätte ihm nicht geholfen; er mußte um Hilfe schreien und um sein Augenlicht bitten. Ohne das Eingeständnis der Hilfsbedürftigkeit wächst kein Vertrauen, bleibt Glaube bodenlos. Wer seine Hilfsbedürftigkeit so weit verdrängt, daß er taub oder blind wird, bleibt ohnmächtig in ihr eingeschlossen, um sein Leiden zentriert, auf die Krankheit fixiert. Der Wille, sich etwas tun zu lassen, an sich etwas geschehen zu lassen, das man nicht in der Regie hat, scheint für den Menschen unendlich schwer zu sein, weil das Schwergewicht seiner eigenen Existenz den Eigen-Willen beschwert.

Der rettende Glaube verlagert in der Umkehr das Schwergewicht der Existenz, den Schwerpunkt: an den Ort des Heils, auf die Suche nach Gottes Herrschaft, der auch die Heilung hinzugegeben wird.

III.9: Mk 11,1–11

Nach dem Zug durch die judäische Wüste kommt Jesus, vermutlich am Nachmittag des ersten Wochentages in die Nähe Jerusalems. Aus der Jerusalemer Perspektive gesehen, führte der Pilgerweg von Jericho herauf über Betanien und Betfage auf die Kuppe des Ölbergs, wo Jerusalem mit der Pracht seines Tempels vor den Augen der Pilger lag. In der Nähe von Betfage, etwa 1 km von der Stadt entfernt, beginnt der Abstieg vom Ölberg in die Stadt. Die Urgemeinde erzählt Jesu Ritt auf dem Esel zu den Toren der Stadt in messianischen Farben. Jesus schickt zwei seiner Jünger in das nahegelegene Dorf gegenüber, damit sie einen Jungesel, das messianische Reittier (Gen 49,11; Sach 9,9), herbeiholen. Daß noch nie jemand auf dem Tier gesessen hat, ist wohl aus der Bezeichnung des Messias-Esels als Jungtier herausgelesen: es ist das königliche Tier. Bei einem eventuellen Einspruch gegen die Beschaffung des Tieres sollen die Jünger auf das Requisitionsrecht des Herrn des Reittieres, des Messias, hinweisen.

In der Beanspruchung des Jungesels durch Jesus drückt sich nach der Intention der Erzähler das königliche Recht des von Sach 9,9 angekündigten Königs Jerusalems aus. Seine Gerechtigkeit wie seine Bescheidenheit und Demut wird daran erkennbar, daß er das Tier nur leiht und alsbald zurückzusenden verspricht.

Die Ausführung des Auftrags und das Eintreffen der Vorhersage Jesu sind in genauer Entsprechung geschildert. Doch fließen nun auch konkrete Züge in die Erzählung ein, die verbürgen, daß aus Erinnerung erzählt wird: Die Jünger finden *einen* Jungesel, angebunden bei einem Tor draußen auf der Straße.

Jesu Boten sind dabei, das Tier loszubinden, als der erwartete Einspruch erfolgt. Zufällig am Ort Anwesende erkundigen sich, wozu sie den Jungesel losbinden. Die Jünger richten Jesu Botschaft aus. Die Reaktion derer, die Einspruch erhoben, setzt voraus, daß die Boten als Boten dessen, der königliches Recht beansprucht, anerkannt werden: Man läßt sie ihren Auftrag erfüllen. Die beiden Jünger führen den Jungesel zu Jesus, sie reiten nicht auf dem noch nicht gerittenen Tier. Daß sie ihre Mäntel auf das Reittier legen, entspricht der Situation, in der Reitzeug oder Decken fehlen. Vielleicht sollen auch Jesu Kleider vor dessen Tempelbesuch vor Verunreinigung durch ein von der Straße geholtes Tier geschützt werden.

Mit der Besteigung des Jungesels durch Jesus beginnt der Zug vom Ölberg zum Tempel. Die Huldigung der Jesus begleitenden Festpilger wird nach ihrem sichtbaren und ihrem hörbaren Ausdruck geschildert: enthusiastisch legen viele ihre Kleider dem Reittier Jesu unter die Hufe, ein Gestus der Ehrfurcht, vielleicht sogar der Königshuldigung. Daß andere Büschel streuen, die sie auf den Feldern von den (Öl-)

Bäumen schlagen, ist ein vergleichbarer Gestus. Die Jesus voranziehenden und ihm folgenden Scharen stimmen einen für Prozessionen charakteristischen Wechselgesang an. Durch den Bezug auf Jesus wird der Ruf zur Akklamation. Die Hosanna-Rufe gelten Gott; doch mit der Zitation von Ps 118,26 (das Hosanna ist V 25 entnommen) wird Jesus als der im Namen Jahwes Kommende begrüßt, als der messianische König; die Erwartung der kommenden Heilszeit ist im Bild der Herrschaft Davids (wohl in Auslegung von Gen 49,10f) zum Ausdruck gebracht.

Das episodale Verebben der Erzählung läßt auf eine Episode schließen, die vor den Toren Jerusalems endet. Jesus besucht den Tempel; von den Folgen seiner „Inspektion" handeln die Ereignisse des nächsten Tages in Jerusalem. Bei Anbruch der Dämmerung geht Jesus nach Betanien zurück, wo er wohl bei galiläischen Landsleuten Quartier fand.

*

Die Erzähler dürften in dem messianisch deutenden Bericht das zweite wichtige Ereignis (nach der Heilung des blinden Bartimäus in der Morgenfrühe bei der Abreise von Jericho) vom Sonntag der Passionswoche festgehalten haben. Die Jesus begleitenden Festpilger haben Jesus, der auf einem Esel vom Ölberg nach Jerusalem ritt, messianische Ovationen dargebracht; aber auch Jesus selbst dürfte eine messianische Deutung seines Ritts intendiert haben. Jedoch kann weder die messianische Erwartung der Begleiter Jesu noch der Jünger Jesu und erst recht nicht Jesu selbst auf die national-politische Linie der Sohn-Davids-Erwartung festgelegt werden. Jesu bisheriges Wirken bot dazu keine Handhabe, auch die stimulierende Heilung des blinden Bartimäus wies nicht in diese Richtung, und der Zug des prophetischen Lehrers mit seinen Jüngern nach Jerusalem ließ sich mit dem Zug zelotisch-kriegerischer Messiasprätendenten kaum vergleichen oder gar verwechseln. Wie aber ließ sich Eindeutigkeit herstellen?

Im Zusammenhang der Passionsgeschichte ist klar, daß hier der Menschensohn seiner Passion entgegenzog. Von Rabbi Jehoschua ben Levi (um 250 n. Chr.) ist eine Formulierung überliefert, die Dan 7,13 (Kommen des Menschensohns mit den Wolken des Himmels) und Sach 9,9 (Kommen des messianischen Königs auf dem Esel) miteinander verbindet: „Wenn sie (die Israeliten) dessen würdig sind, kommt er (der Messias-Menschensohn) mit den Wolken des Himmels; wenn sie nicht würdig sind, arm und reitend auf einem Esel." Daß Israel, das erwählte Bundesvolk, nicht würdig, von Bund und Gesetz abgefallen, ein „verkehrtes und ehebrecherisches Geschlecht" sei, war eine Diagnose, die Jesus schon mit seinem prophetischen Lehrer, Johannes dem Täufer, teilte, welcher die provokative Auffassung vertrat, Gott könne Abraham, dem Vater der Israeliten, aus den Steinen der Wüste neue Kinder erwecken. Die stillschweigende Aufforderung, die Jesu Symbolhandlung vor den Toren Jerusalems intendierte, war in Sach 9,9 angesagt: „Juble laut, Tochter Zion! Jauchze, Tochter Jerusalem! Denn dein König kommt zu dir. Er ist gerecht und hilft; er ist bescheiden und reitet auf einem Esel, auf dem Fohlen einer Eselin."

Eindeutigkeit ließ sich nur herstellen, wenn die eigene Unwürdigkeit eingestanden und Jesus als der bescheidene, gerechte Helfer akzeptiert würde. Damals wie heute. Die Urgemeinde blickte auf die Ankunft des Messias in Jerusalem schon zurück und erwartete die Wiederkunft des Menschensohns (vgl. Mk 14,62). Sie lebte in der durch die doppelte Parusie, die erste und die zweite Ankunft des Messias Jesus bestimmten messianischen Zeit, in der sie Israel neu zur Umkehr rief.

Eindeutigkeit konnte die Urgemeinde nur durch ihr Leben herstellen, nicht durch die Verkündigung des Evangeliums allein, durch das Erzählen der Geschichte Jesu, an die sie sich hielt. Eindeutigkeit war nur herzustellen, wenn die Geschichte Jesu den eigenen Weg der Gemeinde bestimmte und wenn die Deutung dieser Geschichte nicht nur im Wort, sondern durch die Existenz, das Leben der Gemeinde erfolgte, wenn das deutende Wort die Existenz, das Leben erklärte.

Die Urgemeinde stellte Eindeutigkeit her. Sie tat es, indem sie dem Friedenskönig, dem Messias, Jesus von Nazaret, auf dem Weg der Gewaltlosigkeit folgte und so Jerusalem und ganz Israel daran erinnerte, daß die Chance gegeben war zu erkennen, was dem Frieden diente. Eindeutigkeit kann auch die Kirche heute, können ihre Gemeinden nur durch ihr Leben herstellen, orientiert an der Eindeutigkeit Jesu und seiner ersten Gemeinden.

IV.10: Mk 11,12–14

Die Fluchwundergeschichte vom verdorrten Feigenbaum rahmt die Szene von der Tempelreinigung. Am folgenden Tag kehrt Jesus mit den Zwölfen von seinem Nachtquartier in Betanien nach Jerusalem zurück. Ohne nähere Begründung wird von seinem Hunger gesprochen; Jesu Hunger hingegen motiviert seine Suche nach Feigen. Der konkrete, nicht symbolisch verständliche Zug läßt alle symbolischen Auslegungen der ganzen Szene scheitern. Das Geschehen ist auf der Jerusalem abgewandten Seite des Ölbergs in der Nähe Betaniens vorgestellt; deshalb ist auch keine symbolische Beziehung zum Tempel, der nicht vor den Augen Jesu liegt, angezeigt.

Daß Jesus „von ferne" einen Feigenbaum sieht, soll nicht andeuten, daß er einen Baum an seinen Blättern als Feigenbaum erkennt, sondern, daß aus der Ferne nicht auszumachen ist, ob an diesem Baum, der schon Blätter getrieben hat, auch schon Frühfeigen zu finden sind; dazu muß man erst herankommen. Hervorgehoben ist, daß der Feigenbaum Blätter hat; offenbar wird von einem Baum erzählt, der früher als seine Artgenossen belaubt ist und deshalb auch noch früher als üblich auf Frühfeigen hoffen läßt, jene als das erste Obst des Jahres beliebten Früchte, die an den alten Zweigen des Feigenbaums ansetzen, während die Spätfeigen, die den Hauptertrag im Sommer bringen, an den neuen Trieben wachsen.

Erkennt man die vorausgesetzte Situation, so wird die Erzählung konkret verständlich: Jesus geht, da ihn hungert oder da er sich erfrischen will, zu dem einen Feigenbaum in der Erwartung, an ihm etwas, nämlich Frühfeigen, zu finden; die unreifen Früchte, Vorfrüchte genannt, lassen sich Ende März schon essen. Da Jesus an den Baum herangekommen ist, findet er nichts, keine Frucht, nur Blätter. Die Erzähler erklären, es sei ja auch noch nicht die Jahreszeit der Feigen gewesen. Jedoch der Baum hatte früh Blätter getrieben; folglich war er unfruchtbar.

Jesus reagiert mit einer Verfluchung des Feigenbaums, die als direkte Anrede an den Baum zitiert ist: Nie mehr, bis in Ewigkeit soll niemand von ihm Frucht essen! Dem Wort der Verwünschung oder Verfluchung schrieb die antike Welt magische Kraft zu. In jüdischer Tradition stand das mächtige Fluchwort, dem Jahwe-Glauben integriert, besonders Stammvätern, Heerführern, Königen und Priestern zu; in späterer Zeit galt das strafende Fluchwort der Rabbinen als todbringend.

Fluch- bzw. Strafwundergeschichten kennen neben der alttestamentlichen und später jüdischer Überlieferung auch die hellenistische Literatur, im Neuen Testament die Apostelgeschichte, im Christentum die Apokryphenliteratur und spätere Überlieferung in wachsendem Umfang. Zumeist gibt es einen person- oder missionsbezogenen Anlaß für den Fluch. Unterstellt Jesus, der Baum hätte für den Messias Frucht tragen müssen, und weil er dies nicht tat, dürfe niemand mehr von ihm Frucht genießen?

Ausdrücklich ist vermerkt, daß die Jünger sein Verwünschungswort hören konnten.

*

Jesu Verfluchung des Feigenbaums hat schon der frühen Kirche erhebliche theologische Schwierigkeiten bereitet; die moderne Exegese hat durchweg zu symbolischen Deutungen der Erzählung ihre Zuflucht genommen. Die Urgemeinde hingegen hat sich nicht gescheut, auch diese markante Begebenheit aus den Jerusalemer Tagen vor Jesu Kreuzigung zu überliefern. Sie hat das Jesusbild noch nicht purgiert, die Gestalt Jesu nicht nach ihren Idealen umgeformt.

Die Versuchung, die Gestalt Jesu nach unseren Vorstellungen umzumodeln, nach den Leitbildern des jeweiligen Zeitgeistes, ist groß; in der Regel scheint sie mit „humanistischer" Realitätsscheu, die ins Ideale ausweicht, gekoppelt zu sein. Dem modernen Menschen, der kaum noch eine ursprüngliche Beziehung zur Natur hat, mit ihr nicht mehr redet, sich über ein magisches Weltbild hoch erhebt, fällt die Beziehung zu Jesus, der einen Feigenbaum verflucht, besonders schwer. Dabei merkt er meist nicht, daß er in seinem religiösen Weltbild meist besonders subtil „magisch" denkt, und vermengt den Unterschied einer magischen Beziehung des Menschen zur Natur, die zur Naturausstattung gehört und höchstens zum Schaden des Menschen verdrängt werden kann, und einer religiös-„magischen" Gottesbeziehung, die Gott wie ein Stück Welt verfügbar machen möchte. Worauf es ankäme, wäre doch, daß der Mensch mit seiner magischen Kraft sich erlösen ließe – auch zum Nutzen der Natur.

Der „Fluch" ist dem sogenannt christlichen „Humanismus" so fremd geworden, daß er die Fluchpsalmen am liebsten aus dem Psalter streichen möchte. Doch was ist eigentlich ein „Fluch" im Horizont der biblischen Offenbarung? Der Fluch bringt die Distanzierung des Fluchenden von der gottwidrigen Welt (Menschen, Natur) zum Ausdruck; so steht er freilich nur dem an, der sich selbst mit Gottes Willen, seiner Schöpfungs- und Sozialordnung ganz identifiziert. Der Zweifel an der Angemessenheit eines Fluchs im Munde Jesu nistet im Spalt einer humanistisch getarnten Distanzierung von Gott, die sich keinen heiligen Zorn mehr erlaubt.

Nach der „Inspektion" am Vorabend kommt Jesus erneut in den Tempel und zieht Konsequenzen aus dem gewonnenen Einblick. Vom Ölberg aus kam man durch das Osttor Jerusalems und des Tempels in den Vorhof der Heiden, den äußeren Tempelbezirk, wo es einen konzessionierten, einträglichen Handel für den Verkauf von Opfergegenständen (z.B. Trankopferwein) und Opfertieren (z.B. Tauben) gab und wo die Geldwechsler ihr Geschäft mit der Einwechslung ausländischer Währungen in die Tempelwährung machten.

Jesu provokative Aktion im riesigen, 450x300 m messenden Vorhof der Heiden, die begrenzt zu denken ist, da sie weder zum Einschreiten der Tempelwache noch der römischen Besatzung führte, die von der nahegelegenen Burg Antonia unmittelbaren Zugang zum Tempelgelände hatte, ist als doppeltes Vorgehen beschrieben: er fängt an, diejenigen, die als Verkäufer oder Käufer im Tempelgelände agierten, hinauszuschicken; wie um seinen Forderungen (die der Hörer sich vorstellt) Nachdruck zu verleihen, stößt er die Tische der Geldwechsler und die Sitze der Taubenverkäufer um. Schließlich schreitet er drittens auch gegen gewerbsmäßige Lastenträger ein, die den Tempelplatz durchqueren, um den kürzeren Weg vom östlichen zum westlichen Stadttor oder umgekehrt zu nehmen.

In seiner Lehre rechtfertigt Jesus sein Verhalten vor denen, gegen deren Treiben er einschritt. Fragend wird Jes 56,7c zitiert; in einem Vorwurf wird auf Jer 7,11a angespielt. Im Vorhof der Heiden reklamiert Jesus den ganzen Tempel als Ort des Gebets, den Vorhof der Heiden als Ort der Gottesverehrung für alle Völker. Vermutlich ist Jes 56,8, ein Wort von der Sammlung Israels, mitzuhören: „Wort Gottes, des Herrn, der die vertriebenen Söhne Israels sammelt: Noch mehr, als ich schon gesammelt habe, will ich dort versammeln." Jesus ist in Jerusalem als der Bote Jahwes, der zur eschatologischen Sammlung Israels gekommen ist, erschienen. Er tritt im Vorhof der Heiden für die Heiligkeit des ganzen Tempelbezirks ein, für die Ermöglichung der Anbetung Jahwes auch durch die Heiden, die sich hier aufhalten durften. Mit der Anspielung an Jer 7,11 erinnert Jesus an die Tempelrede des Jeremia. Die Feststellung, daß die Verkäufer und Käufer im Tempel Gottes Haus zu einer Räuberhöhle gemacht haben, impliziert ein Drohwort gegen den Tempel (vgl. Jer 7,11–15).

Jesu Vorgehen gegen die Händler, die von der jüdischen Behörde autorisiert waren, und wohl mehr noch seine implizite Drohung gegen den Tempel, das größte „Wirtschaftsunternehmen" (Bank und Handelshaus) in Jerusalem, macht die Reaktion der religiös-politischen (und wirtschaftlichen) Führer verständlich; sie suchen Jesus unschädlich zu machen, weil sie ihn und durch ihn veranlaßte weitere Aktionen fürchten. Jesus fand nämlich, so wird berichtet, mit seiner Lehre unter den Pilgermassen ekstatisch-begeisterte Aufnahme. Der Zusammenstoß Jesu mit den Interessen der Jerusalemer Führung hat freilich Folgen; die befürchtete Bedrohung des Tempels spielt im Prozeß Jesu noch eine Rolle.

Daß Jesus bis zum Abend im Tempel bleiben kann, setzt voraus, daß ihm in der Menge (vgl. 14,2) keine unmittelbare Gefahr droht. Abends verläßt Jesus wieder die Stadt und geht nach Betanien, wo er ebenfalls sicher ist.

*

Jesu heiliger Zorn richtet sich gegen die unheilige Allianz von Religion, Staat und Ökonomie, die in ihren Auswirkungen die Sammlung Israels, das Leben des Volkes Gottes nach Gottes Sozialordnung und damit das Heil für die Völker hindert. Der religiöse Betrieb wird zu allen Zeiten wirtschaftlichen Interessen dienstbar gemacht, vom Staat für die Erhaltung des *status quo*, von Revolutionären für den Umsturz ausgenutzt. Jesu prophetische Demonstration macht darauf aufmerksam, daß der Tempel zur „Räuberhöhle" geworden ist. Was gemeint ist, wird Jer 7,3–11 erklärt: „So spricht der Herr der Heere, der Gott Israels: Bessert eure Wege und euer Tun, dann will ich euch hier an diesem Ort wohnen lassen! Vertraut nicht auf die trügerischen Worte: ›Der Tempel des Herrn, der Tempel des Herrn, der Tempel des Herrn ist dies!‹ Denn nur wenn ihr eure Wege und euer Tun gründlich bessert, wenn ihr gerecht entscheidet im Rechtsstreit, die Fremden, die Waisen und Witwen nicht unterdrückt, unschuldiges Blut an diesem Ort nicht vergießt und anderen Göttern nicht nachlauft zu eurem eigenen Schaden, dann lasse ich euch an diesem Ort wohnen, im Land, das ich euren Vätern vor langer Zeit und für immer gegeben habe. Freilich, ihr vertraut auf die trügerischen Worte, die nichts nützen. Wie? Stehlen, morden, ehebrechen, falsch schwören, dem Baal opfern und anderen Göttern nachlaufen, die ihr nicht kennt –, und dabei kommt ihr und tretet vor mein Angesicht in diesem Haus, über dem mein Name ausgerufen ist, und sagt: ›Wir sind geborgen‹, um dann weiter alle jene Greuel zu treiben. Ist denn in euren Augen dieses Haus, über dem mein Name ausgerufen ist, eine Räuberhöhle geworden? Gut, dann betrachte auch ich es so – Wort des Herrn." Wer Gott verehren will, so schärft Jesus immer wieder mit dem Hauptgebot ein, muß es mit ganzem Herzen, ganzer Seele, aller Kraft tun, und dies in der Verpflichtung auf seine Sozialordnung, die keine durch wirtschaftliche Ausbeutung entstehende Klassengesellschaft und keine durch staatliche Herrschaft sanktionierte Unrechtsgesellschaft zuläßt.

Die Urgemeinde hat den Tempel besucht, sich aber von seinem religiösen Betrieb unabhängig gehalten; sie hat in Jerusalem gelebt, ihren Auftrag aber nicht durch wirtschaftliche Abhängigkeit verwässern lassen; sie hat sich für Israels Sammlung engagiert, im Widerspruch zur politischen Führung und unter Verzicht auf Gewalt. Vierzig Jahre nach Jesu Tempelaktion lag der Tempel in Trümmern, hatten Krieg und Bürgerkrieg Stadt und Land verwüstet.

Der Tempel als Räuberhöhle – Jesus erkannte hier die Wurzel des Übels. Kirchen als Räuberhöhlen?... Holocaust ... „Wenn die Christen nicht nur getaufte Heiden wären ...", war eine der schärfsten Bemerkungen in der Diskussion um die Fernsehserie in unseren Tagen.

IV. 12: Mk 11,20–23

Auf der Wanderung von Betanien nach Jerusalem am nächsten Morgen führt der Weg wieder am verfluchten Feigenbaum vorbei. Die Jünger sehen den Baum, der von den Wurzeln an verdorrt ist. Die Erinnerung des Petrus läßt die eingetretene Wirkung der Verwünschung Jesu als unerwartet erscheinen; der Jünger weist den „Rabbi" auf den Feigenbaum hin, den dieser verflucht hat: er ist verdorrt!

Die Urgemeinde berichtet also: Jesus hat einen Feigenbaum verflucht, der am folgenden Tag verdorrt war. Ausflüchte, es habe sich um einen Baum gehandelt, dessen Laubwerk schon dürr gewesen sei, und das Verdorren „von der Wurzel an" sei – erst recht nicht im Vorbeigehen! – nicht feststellbar, können die Überlieferungsqualität der Erzählung, die nicht frei konstruiert erscheint, da sie nicht dem geläufigen Motivrepertoire von Fluchwundergeschichten folgt, nicht erschüttern. Hinweise auf die Möglichkeit psychischer Einwirkung auf Beeinträchtigung oder Förderung pflanzlichen Wachstums, wie sie in jüngerer Zeit erforscht wurde, mögen sie stützen.

Jesus selbst hat die Macht seines Wortes als Macht des Glaubens gedeutet. Er fordert seine Jünger zum Vertrauen auf Gott auf und verheißt dem Glaubenden ein größeres Wunder: Sie könnten diesen Berg da – in der konkreten Situation ist wohl der Ölberg gemeint – versetzen, wenn sie nicht zweifelten.

Das Herz, die Personmitte des Menschen, ist Ort des Zweifels und des Glaubens. Der Zweifel ist Spaltung, Widerstreit im menschlichen Herzen; der Zweifler hält für möglich, daß *nicht* geschieht, was er sagt, daß Gottes Allmacht sich seinem Vertrauen entzieht. Der Glaubende ist in seinem Vertrauen ungeteilt bei Gott, als Person ganz, heil und mächtig. Er macht das Unmögliche möglich (vgl. Mt 17,20).

*

„Wer zu diesem Berg sagt: ›Heb dich weg und wirf dich ins Meer!‹ ..." Schön wär's! Wie ließen sich Sprengungen, Bagger, Räumfahrzeuge sparen! Nun wird von Jesus freilich dem Machtwort des Glaubens keine magische Kraft zugesprochen. Die Kräfte des Menschen werden durch den Glauben nicht gesteigert, nicht multipliziert; eine psychokinetische Deutung des Spruchs Jesu wäre fehl am Platz.

Was aber kann gemeint sein, was ist gemeint? Welche Erfahrung ist in dem Wort vom bergeversetzenden Glauben verdichtet? Vorausgesetzt ist das Wissen um das Herz des Menschen, seine Personmitte, als Zentrum seiner Kraft. Jeder Schwergewichtsheber weiß um diese Sache: Nur wenn er sich sammelt, schafft er das übermenschliche Gewicht. Jeder Zweifel vereitelt seinen Erfolg.

Der Zweifel teilt die Kraft des menschlichen Herzens, er lähmt. Nun geht es dem Glauben freilich nicht um die eigene Kraft, auf die der Schwergewichtler ungeteilt setzen mag. Der Glaube bezieht sich auf Gott: „Habt Gottesglauben!" Der Glaubende bewerkstelligt nichts, ihm geschieht etwas: „ihm wird es geschehen"! Ihm ist ein „Wunder" verheißen, seinem bloßen Wort!

Wie aber wirkt Gott Wunder? Wir können uns Gott nicht als den Super-Schwergewichtler vorstellen, der unsere Arme, unsere Muskeln ersetzt. Gott ist für sein Wirken auf uns, unser Herz, unsre gesammelte Kraft angewiesen. Im Glauben setzt er sie frei – für seine Sache in der Welt.

Worauf Jesus in dem hyperbolisch-paradoxen Spruch aufmerksam macht, ist dies: Gottes Sache in der Welt, daß er Menschen findet, die sich ihm ganz zur Verfügung stellen, daß er eine Gemeinde, ein Volk findet, daß seine Sozialordnung hält, bei dem er wohnen kann, ist das schier Unmögliche. Aber das, worauf es ihm eigentlich ankommt! Daß

Menschen sich Gott ganz zur Verfügung stellen, meint insbesondere auch, daß sie sich ihm auch mit ihren Schwächen, mit denen sie so gerne ihre „Zweifel" begründen, zur Verfügung stellen. Denn Gottes Kraft kommt, wie Paulus später reflektiert weiß, gerade in der menschlichen Schwäche zur Vollendung. Die Schwächen machen den Menschen ebenso aus wie die Stärken; sich mit seinen Schwächen heraushalten wollen und nur auf seine Stärken setzen zu wollen, hieße aber gerade: nicht glauben, sondern zweifeln. Denn der Glaube setzt ja weder auf die eigene Kraft, noch verzweifelt er an der eigenen Schwäche.

V. 13: Mk 11,27–33

Der dritte Tag in Jerusalem, der Dienstag der Passionswoche, ist nach der Darstellung der Passionsgeschichte durch die öffentliche Auseinandersetzung mit den Jerusalemer Führern bestimmt. Nach der Provokation im Tempel am Vortage kommt Jesus wieder nach Jerusalem; die Hohenpriester, die Schriftgelehrten und die Ältesten, die wohl als Abgesandte das Synedrion repräsentieren, treten alsbald nach Jesu Ankunft im Tempel auf. Sie scheinen nicht durch seine erneute Lehrtätigkeit alarmiert worden zu sein, der Text vermittelt eher den Eindruck, als hätten sie Jesus abgepaßt. Sie stellen ihn in einer gewissermaßen „amtlichen" Befragung zur Rede. Sie erkundigen sich nach der Art bzw. Herkunft der nach ihrer Ansicht angemaßten Vollmacht Jesu: Mit welchem Recht oder in wessen Auftrag handelt Jesus? Die Absicht der Fragesteller ist angesichts ihrer Reaktion auf die Tempeldemonstration Jesu klar (vgl. 11,18). Die Vertreter der obersten jüdischen Behörde suchen einen Anlaß, gegen Jesus gerichtlich vorgehen zu können. Wie 14,61 später zeigt, dürfte ihnen ein messianischer Selbstanspruch Jesu willkommen gewesen sein. Ob die Synedristen von vornherein daran dachten, Jesus beim römischen Präfekten zu denunzieren, kann überlegt werden; die nachfolgende Entsendung von Leuten, die ihn wegen des heiklen Problems der Kaisersteuer ausfragen wollen, könnte darauf hinweisen (vgl. V. 15: Mk 12,13–17.34c). Doch unmittelbar soll die Befragung Jesu wohl auf die Eröffnung einer jüdisch-gerichtlichen Untersuchung zielen.

Jesus antwortet sehr geschickt; er kündigt eine Gegenfrage sowie die Bedingung einer Antwort auf die Frage nach seiner Vollmacht an. Auf die unausgesprochenen Voraussetzungen, daß er im Tempelbezirk keine Rechtsvollmachten habe und beanspruchen könne, geht er nicht ein. Mit seiner Gegenfrage bringt Jesus die Verhandlung in eine neue, die von den Fragestellern vorausgesetzte Rechtssituation übergreifende Dimension. Er stellt die Alternative „göttliche oder menschliche Vollmacht" auf, und zwar am Beispiel der Johannestaufe: Hat Johannes in göttlichem Auftrag – der „Himmel" umschreibt den Gottesnamen – oder in menschlicher Selbstanmaßung getauft? Jesus erkundigt sich damit nach der Bereitschaft der Jerusalemer Führung, ihn – wie Johannes den Täufer – als Propheten, als Boten Gottes, anzuerkennen. Würden sie es tun, so hätte sich die Eingangsfrage von selbst erledigt.

Die Erzähler des „Evangeliums der Urgemeinde" erklären sich durch Überlegungen, die sie die Fragesteller anstellen lassen, deren Antwort. Die zunächst erwogene Möglichkeit, mit der die Jerusalemer Führer spielen, nämlich die göttliche Vollmacht der Johannestaufe anzuerkennen, wird mit dem Einwand abgelehnt, Jesus könne dann nach der Verweigerung ihres Glaubens gegenüber Johannes fragen, ihren Unglauben aufdecken, wie es die Erzähler durch ihre Darstellung tun. Jesu positives Verhältnis zu Johannes dem Täufer (als dem Propheten vor ihm) ist vorausgesetzt.

Die zweite Möglichkeit wird ohne Gegenüberlegung als bloße Frage und damit als „unmöglich" vorgestellt; die Auskunft, die Johannestaufe sei eine menschliche (=sündige, weil angemaßt göttliche) Angelegenheit stößt wohl von vorneherein auf das Bedenken, daß die Jerusalemer Führung sich damit beim Volk, das Johannes wirklich für einen Propheten hielt, in Mißkredit bringen würde.

Wohl nach einer Zwischenberatung, welche die Erzähler zum Anlaß nahmen, ihre Vorstellungen von den Überlegungen der Fragesteller vorzutragen, erfolgt die Antwort: „Wir wissen es nicht". Die Behörde erklärt sich gleichsam inkompetent, prophetische Vollmacht zu beurteilen. Damit hat sie sich selbst um eine Antwort Jesu gebracht. Da seine Alternativfrage nicht beantwortet ist, seine Bedingung nicht erfüllt ist, verweigert auch er seine Antwort, bekräftigt indirekt aber um so stärker seine Vollmacht, die er im nachfolgenden Gleichnis als prophetisch-göttliche Vollmacht auslegt, als die Vollmacht des letzten Boten, des eschatologischen Propheten.

*

„Wir wissen es nicht!" Die klassische Antwort derer, die sich dem konkreten Anspruch göttlicher Autorität entziehen wollen. Die Antwort entlarvt, daß die Frage nicht ernsthaft gestellt war; sie war nicht von der Bereitschaft getragen, sich überzeugen, sich für Jesus engagieren zu lassen. Wo, wie die Erzähler ausführen, das menschliche Kalkül, das den eigenen Vor- und Nachteil ausrechnet, von vorneherein die Offenheit einer konkret-geschichtlichen Begegnung mit der Autorität der Boten Gottes verstellt, ist Gottes Anspruch zu einer Spielerei geworden. Die notwendige Unterscheidung der Geister ist als Aufgabe schon nicht mehr gesehen, weil mit neuem Handeln des Geistes Gottes in der Geschichte nicht mehr gerechnet wird. Religiös verkleidet erscheint eine atheistische Position, und in ihrem Gefolge die Willkür.

Die kleine Erzählung macht die theologische und humane Dimension ernsthafter Auseinandersetzung mit der Autorität Jesu, mit seinem Anspruch deutlich. Nur wer sich ihm ehrlich und entschieden stellt, sich ihm wirklich aussetzt, wahrt die Chance eigener Freiheit angesichts der vielfältigen Gefahren der Verstrickung in Willkür.

Autorität, die freimacht und frei bindet, kann nicht an vorgefaßten Maßstäben gemessen werden; freilich verlangt sie auch keinen blinden Glauben, keinen Kadavergehorsam. Sie ruft von sich her zu vernünftiger, aber hörbereiter Prüfung ihres Anspruchs, der nach seinen „Früchten" beurteilt werden kann, die freilich nur dort reifen können, wo ihnen nicht die Wärme positiven Interesses entzogen wird. Die

„Früchte" eines Glaubensanspruchs haben ein doppeltes Maß der Reife: das Maß der geschenkten Gotteserkenntnis (der je größeren Göttlichkeit Gottes und seines Heilsplans) und das Maß gesellschaftlicher Heilung. Die Frage, welche die Jerusalemer Führung hätte stellen können und die wir angesichts des Anspruchs Jesu stellen können, müßte lauten: Was trägt seine Realisierung in der Nachfolge Jesu für die Sammlung des Volkes Gottes, die Konstitution neuer, heilvoller Gesellschaft aus? Was trägt er für die Beantwortung der Frage nach Gott und der Frage nach dem menschlich-gesellschaftlichen Heil aus? Jesus hat beide Fragen, welche die Menschheit zutiefst bewegen und umtreiben, eschatologisch verknotet, und wer diesen Knoten auflöst, löst seinen Anspruch auf, religiös oder gesellschaftlich. Er erwartet das Heil der Gesellschaft nicht von Gott oder für die Gesellschaft kein „Heil".

V. 14: Mk 12, 1–12

Statt der direkten Antwort auf die Vollmachtsfrage, die Jesus nach dem Ausweichen seiner Gegner verweigert, gibt Jesus eine indirekte Antwort in einer Parabel, die seine und seiner Gegner Situation deutet (Mk 12, 1–9); die Erzähler der Passionsgeschichte haben nicht nur die Reaktion der Gegner festgehalten (V 12), sondern auch das Geschick Jesu durch ein Psalmwort, das sie ihm in den Mund legten (Ps 118, 22f in Mk 12, 10f), interpretiert.

Nur an dieser einen Stelle kommt der Gleichniserzähler Jesus im „Evangelium der Urgemeinde" mit einer „Parabel" zu Wort. *Parabeln* stellen ein frei erfundenes, einmaliges und besonderes, aber durchaus an gegebene Situationen und vorhandene Vorstellungen gebundenes Geschehen dar und provozieren durch die dramatisch zugespitzte Geschichte selbst das Urteil der Hörer. Obwohl Jesus eine profane Geschichte von aufsässigen Bauern im palästinisch-feudalen Milieu erzählt, lenkt er im Lauf der Erzählung mittels allegorischer Motive und Vokabeln immer stärker auf eine Deutung der Geschichte Israels und seiner Propheten bis zum letzten Propheten, Jesus selbst, hin. Das Geschick der Propheten als der Vorläufer Gottes, des Herrn des Weinbergs Israel, schimmert immer deutlicher durch die zunächst durchaus konsequent und realistisch inszenierte Erzählung vom Weinbergbesitzer und den rüden Pächtern durch.

Ein Mann pflanzt einen Weinberg, in dessen Anlage mit Zaun zum Schutz vor wildernden Tieren, Kelter und Wachtturm er viel investiert; die hohe Investition rechtfertigt die wiederholten Bemühungen um das Eintreiben der Frucht, des Gewinns aus der Kapitalanlage, den der Besitzer, der sich im Ausland wohl in einer Stadt, wo er standesgemäß wohnen kann, von den Pächtern fordert. Daß die Bauern die vereinbarte Weinlieferung verweigern und die Knechte mißhandeln und unverrichteterdinge zurücksenden, fällt aus dem sozialgeschichtlich bekannten Rahmen noch nicht heraus. Jedoch, daß der Besitzer einen Knecht nach dem anderen schickt, obwohl die Bauern über Mißhandlungen zum Totschlag übergegangen sind, und daß der Herr des Weinbergs schließlich nach Ausschöpfung des Reservoirs seiner Knechte seinen Sohn, den Erben, sendet, spannt die Bildwirklichkeit unrealistisch an. Welcher Weinbergbesitzer handelt so? Der Hörer der Parabel wird zunehmend auf den allegorischen Sinn der Erzählung aufmerksam und entdeckt seine eigene Situation in der Geschichte. Viele Fingerzeige sind ihm gegeben.

Schon zu Beginn spielt Jesus auf das Weinberglied Jes 5 (VV 2.5) an; der Weinberg wie die Pächter können Israel symbolisieren, seine Erwählung wie seine Halsstarrigkeit. „Knechte Gottes" heißen in biblischer Überlieferung die Propheten, die vom Volk die „Früchte" des Bundesgehorsams forderten. Die jüdischen Überlieferungen vom Geschick der Propheten erzählen von deren Entehrung, Mißhandlung und Tötung: „Welcher Prophet wäre ihnen erstanden, den sie nicht zu töten gesucht hätten" (Pesiqta R 26)! In der frühjüdischen Schrift „Leben der Propheten" heißt es vom zweiten und vom dritten Propheten: „Amos stammte aus Thekua, und Amasias schlug ihn lange mit einem Stock. Schließlich schlug ihn sein Sohn mit einer Keule an die Schläfe und brachte ihm so den Tod. Halblebend gelangte er noch in sein Land; dann starb er nach zwei Tagen und ward dort begraben. (Michaeas) machte Achab viele Vorstellungen. Er ward von dessen Sohn Joram in einen Abgrund gestürzt und getötet, weil er ihm die Sünden seiner Väter vorhielt."

Mit der summierenden Aussage über die „vielen" erreicht Jesus die Gegenwart, die Zeit des letzten Boten. Der Sohn, der geliebte = einzige, den der Weinbergbesitzer jetzt als letzten Boten schickt, ist der Erbe. Er hat höhere Vollmacht. Im Selbstgespräch des Weinbergbesitzers wird die Autorität des letzten Boten unterstrichen; der Besitzer erwartet, daß er als besonderer Vollmachtsträger von den Pächtern respektiert wird. In der gedeuteten, heilsgeschichtlichen Wirklichkeit ist die Bezeichnung „mein Sohn" wie „geliebter Sohn" Prophetenprädikat, das den eschatologischen Propheten freilich aus der Reihe der Propheten herausnimmt und als besonderen Vollmachtsträger Gottes mit besonderer, eschatologischer Autorität ausrüstet. Auf die bisherigen Propheten hat Israel nicht gehört; wird es auf den letzten, Jesus, hören oder auch ihn entehren, sein Wort verachten, so daß „der Zorn des Herrn gegen sein Volk so groß wird, daß es keine Heilung mehr gibt" (2 Chr 36,16)?

„Jene Bauern", wie gezielt in der Bildwirklichkeit erinnert wird (womit den Hörern die Distanzierung von deren Tun ermöglicht wird), besprechen unter sich die zugespitzte Situation. Sie verstehen ihren Ernst, nutzen ihn aber zu ihren vermeintlichen Gunsten aus. Durch die Tötung des Sohnes soll ihnen das herrenlose Land, das Erbe zufallen. Auf der symbolischen Ebene warnt Jesus seine Gegner, die auf seinen Tod sinnen, vor hybrider Selbstüberschätzung, als ob sie dem Gericht Gottes, des Herrn des Weinbergs, entkommen, Erwählung und Bund, die Gaben

Gottes, als Besitz Israels usurpieren könnten. Die abschließende Frage erinnert an Jes 5, 3: „Nun sprecht das Urteil, Jerusalems Bürger und ihr Männer von Juda, im Streit zwischen mir und dem Weinberg!" Die Antwort droht den Verlust von Erwählung und Bund an und deutet ein neues Handeln Gottes an, der sich ein neues Volk schafft.

Nach seiner Vollmacht befragt, hat Jesus indirekt Antwort gegeben, aber eine Antwort, die den Gegnern den Ernst der Situation, in der sie unernsthaft fragten, um willkürlich agieren zu können, vor Augen stellt. Jesu Vollmacht ist die Autorität des letzten Propheten, des „Sohnes", der die ganze Vollmacht des Vaters besitzt, der Israel in letzter Stunde zur Umkehr ruft.

Die Urgemeinde deutet im Rückblick auf Jesu Tod und im Glauben an seine Auferweckung Jesu Geschick mit Ps 118, 22f unter Ausnutzung eines aramäischen Wortspiels *„eben"* (Stein) = *„haben"* (der Sohn). Was die Führer Israels taten, war in der Prophetie als das hybride Handeln von Bauleuten vorherbeschrieben, die Gottes erlesenen Stein verwarfen, den Gott selbst aber zum Eckstein seines eschatologischen Tempelbaus, seiner Gemeinde, gemacht hat.

Jesu Gegner haben verstanden, daß die Parabel auf sie gemünzt war, aber verstockt reagiert. Nur die Furcht vor den Pilgern im Tempel, die Jesus anhängen, hält sie vor einer Verhaftung Jesu zurück, für die sie auf List sinnen müssen (Mk 14, 1f).

*

Die Parabel Jesu deckt auf, wie die Menschen angesichts des Anspruchs Gottes beständig die Ursünde, wie Gott sein zu wollen, wiederholen, die sie zur Gewalt und zum Mord treibt. Die Winzer wollen nicht Pächter, sondern Besitzer sein; das Streben der *Mimesis*, der Nachahmung, treibt sie in die Rivalität und zum Mord.

Die Ursünde des Menschen ist seine Rivalität mit Gott, die sich im Haß gegen Gottes Boten, die Propheten, die Gerechten, entlädt. Das ganze Alte Testament kann als eine

Geschichte der Entlarvung des Menschen als eines durch die Mimesis getriebenen Gewalttäters, der seine Neigung zur Gewalt durch die Lüge verschleiert, gelesen werden. Und Jesus hat, gebildet an diesem Buch und in seinem ganzen Gehorsam, den Menschen als Gewalttäter durchschaut und gestellt (vgl. z.B. auch Mk 3, 1–6).

Der Mensch gehorcht in der Regel nicht der Vernunft, sondern der blinden Leidenschaft, die sich allerdings vernünftig verschleiert: „Unser wird das Erbe sein!" Der Mensch wird von der Begierde getrieben, die sich am „Vorbild" Gottes orientiert („Ihr werdet wie Gott sein") und an allen vergötterten Modellen der Welt (vom König bis zum Star).

Die Nachahmung der „Götter" führt aber zwangsläufig zur Konkurrenz mit ihnen, die Mimesis zur Rivalität; der Rivale wird zum feindlichen Bruder, der nur durch „Göttermord" „Gott" werden zu können glaubt. Die Untat wird dann von der Lüge als religiöse oder politische „Tat" gefeiert. Der Zirkel von Lüge und Gewalt ist der Teufelskreis, in dem der Mensch vom „Lügner und Mörder von Anbeginn" (Joh 8, 44) gefangen gehalten ist. Das Johannesevangelium hat das Passionsgeschick Jesu am klarsten auf dem Boden der Diagnose Jesu, wie sie in der Winzerparabel vorliegt, gedeutet. Als der entscheidende Grund für die gewalttätige Reaktion der „Juden" gegen Jesus gilt dem Evangelisten Jesu Anspruch, Gott gleich, „der Sohn", zu sein (Joh 5, 16ff; 10, 31.39; 19, 7). Der Evangelist zeigt darüber hinaus, wie der grundlose Haß (Joh 15, 25) die Gegner Jesu blendet: Obwohl Jesus aus der Schrift bewiesen hat, daß sein Gottessohnanspruch nicht blasphemisch ist (Joh 10, 31ff), erklären seine Ankläger vor Pilatus: „Wir haben ein Gesetz, und nach diesem Gesetz muß er sterben" (Joh 19, 7); sie verklagen ihn ohne vorheriges Verhör; obwohl Nikodemus festgestellt hatte: „Unser Gesetz fällt doch über keinen ein Urteil, ohne ihn zuvor gehört und ermittelt zu haben, was er tut!" (Joh 7, 51), beschließt das Synedrion, Jesus zu töten (Joh 11, 53), nachdem Kajafas geraten hatte, Jesus zum Sündenbock zu machen (Joh 11,50), womit er nach des Evangelisten Kommentar freilich unfreiwillig die Erlösung Israels und aller Welt prophezeite. Vor Pilatus treibt die blinde Eifersucht die jüdischen Gegner gar in eine schizophrene Position völliger Selbstverleugnung, wenn die Ankhänger der Theokratie, des Gottkönigtums Jahwes, äußern: „Wir haben keinen König außer dem Kaiser!" (Joh 19,15) – statt „außer Gott", dem sie jedoch „einen Dienst zu erweisen glauben" (Joh 16,2).

Wie müßte Jesu Parabel lauten, wollten wir sie bis heute weitererzählen? Und welche Rolle spielten wir Christen in ihr? Jesus hat Gott nicht als „Konkurrenz-Macht" erfahren und gedacht, und seine Erfahrung spiegelt sich in seinem Verhalten, das von keinerlei Rivalität geprägt war. Seine Gemeinde wollte er als „einmütige" Gemeinde – im Kontrast zur „einwütigen" Gesellschaft.

V. 15: Mk 12,13–17.34c

Nach der für ihre Zwecke erfolglosen Befragung Jesu schikken die Vertreter des Synedrions einige Pharisäer und Herodianer, möglicherweise galiläische Gegner Jesu, zu ihm, um ihm eine neue Falle zu stellen. Sie sollen Jesus zu einer unbedachten Äußerung verleiten und damit „fangen". Sie beginnen – heuchlerisch, wie die Erzähler kommentieren – mit der Anrede „Lehrer" und einer ausführlichen *captatio benevolentiae:* der Lehrer, der als wahrhaftig und unabhängig gilt, nicht Menschen zu Gefallen, sondern auf Wahrheit gegründet den Weg Gottes, den von Gott geforderten Wandel, lehrt, soll sich zu einer Gewissensfrage äußern. Vom jüdisch religiösen Standpunkt aus wird nach der Erlaubtheit der Zahlung der Kaisersteuer, der 7.n.Chr. in Judäa und Samaria eingeführten Kopf- und Grundsteuer, gefragt, nicht etwa von einem „bürgerlichen" Standpunkt aus nach bürgerlichen Pflichten. Das jüdische Volk war in der Frage der Kaisersteuer geteilt; die mit den Römern kooperierenden

Führer konnten und wollten nicht opponieren, die Zeloten hingegen sahen in der Steuer ein Symbol der Knechtschaft, in der Steuerzahlung an den Kaiser, der sich im Orient als Gott verehren ließ, Götzendienst und Abfall von Gott; sie hatten zur Steuerverweigerung aufgerufen. Die in der Idee der Theokratie mit den Zeloten verbundenen Pharisäer vertraten unter Berufung auf Dan 2, 21.37 ff; 4, 14.29 die Auffassung, daß man bis zur ersehnten und im Gebet erflehten endzeitlichen Erlösung den Fremdherrscher tragen müsse.

Die Alternativfrage, die Jesus gestellt ist, ist eine Falle: Entweder würde Jesus Steuerverweigerung und damit politischen Aufruhr oder Steuerzahlung und damit Götzendienst lehren. Jesus geht nicht in diese Falle; er durchschaut die Heimtücke, die sich an ihrem Wortreichtum verrät. Er antwortet vorwurfsvoll mit der Frage nach dem Grund dieser Prüfung und läßt sich einen Denar zeigen. Er wechselt auf die Ebene „nonverbaler Kommunikation" über und sticht durch „die Tücke des Objekts" die Gegner aus. Der Denar, von dem die Rede ist, wird eine weitverbreitete Silbermünze gewesen sein, die auf der Vorderseite das Brustbild des Kaisers Tiberius mit dem Lorbeerkranz als dem Zeichen göttlicher Würde zeigte; die Umschrift sprach vom „Sohn des göttlichen Augustus". Auf der Rückseite war die Mutter des Kaisers auf einem Götterthron dargestellt.

Der Kaiserkopf auf der Münze in der Hand eines Juden tangiert das Bilderverbot, auch die Inschrift war anstößig. Überdies können Jesu Gegner nicht umhin festzustellen, daß der von ihnen vorgezeigte Denar Bild und Aufschrift des Kaisers trägt, sich somit als Eigentum des Kaisers zu erkennen gibt.

So fällt es Jesus nicht schwer, anhand der Münze die versucherische Frage so zu entscheiden, daß er mit seinem Wort in keine Falle gerät und daß keine weiteren Versuche mehr unternommen werden, ihn auszufragen. Er braucht nur aus der Natur der Sache zu argumentieren: Des Kaisers Eigentum soll man dem Kaiser zurückgeben. Aber auch, so fügt er hinzu, Gottes Eigentum Gott! Gottes Eigentum ist der Mensch, der Gottes Bild trägt! Er schuldet sein Herz, sich selbst Gott. Allein schon deshalb und noch mehr im Blick auf Gott als den alleinigen Herrn wiegt die zweite Forderung unendlich schwerer als die erste; Jesus hebt allerdings die Konkurrenz zwischen Gott und Kaiser insofern auf, als seine Verkündigung nicht auf die jüdische Theokratie zielt, sondern auf die eschatologische Sammlung Israels durch Umkehr und neue Gerechtigkeit, die aus Gottes Vergebung entspringt. Jesus läßt neben Gott keinen zweiten absoluten Wert gelten – und kann darum der weltlichen Herrschaft ihr relatives Recht zukommen lassen, solange sie Gottes Herrschaft und Gottes Eigentum, den Menschen, nicht antastet.

*

Die Urgemeinde hatte Grund, ihre Loyalität gegenüber der römischen Macht zu betonen, der Jesus durch seine Gegner als politischer Rebell ausgeliefert worden war. Auch sie sah nicht die Steuerfrage, sondern die Frage des Gehorsams gegen Gott als den Testfall des Glaubens an. Sie hielt mit Jesus daran fest, daß niemand zwei Herren dienen kann (Mt 6,24), und war damit auch für den Konfliktfall gerüstet. Ihre „politische Option" gehörte weder dem Kaiser noch dessen zelotischen Feinden, sondern, wie sie im Weihnachtsevangelium (Lk 2,1–21) formulierte, Jesus, dem Kyrios und Soter, dem Herrn und Heiland, und dessen Friedensbotschaft. So wenig dieser Herr seine Nachfolger auf ein unpolitisches Leben verpflichtet, so wenig bindet er sie an politische Heilsvorstellungen eines idealen Staates. Er weist ihnen einen eigenständigen Weg der Vergesellschaftung als „Volk Gottes", ein Volk von steuerzahlenden „Beisassen" und „Fremdlingen" (1 Petr), in dem die dem Staat entrichtete Steuer bzw. das Einkommen keine „Klassen" begründet, in dem Besitz und Geld vielmehr ganz dem Gedeihen des Volkes und der schöpferischen Weltgestaltung dienstbar gemacht werden.

Daß der steuerfressende Staat, der seine Untertanen zu

Abgaben zwingt, daß der Kaiser als sein Repräsentant nicht der „Heiland" der Welt ist, konnte die Urgemeinde im gespannten politischen Umfeld Judäas tagtäglich erfahren. Ihre Erfahrung ist auch in der nachfolgenden Geschichte bis auf den heutigen Tag nicht widerlegt worden, auch nicht durch sogenannte christliche Staaten. Im Gegenteil, aufs Ganze gesehen, haben sich die Verbindungen von Staat und Kirche, Thron und Altar, als verhängnisvoll erwiesen, weil der Unterschied zwischen dem, „was dem Kaiser gehört", und dem, „was Gott gehört", verwischt wurde.

VI. 16: Mk 12,35–37

Nachdem man Jesus nicht mehr zu fragen wagt, fragt Jesus selbst. Er stellt die durch den Pharisäismus herrschende Messianologie in Frage, nach welcher der Messias, der Gesalbte Gottes, Sohn Davids ist. Jesus stellt die „Sohnschaft" des Messias, seine Art und Qualität zur Debatte. Er gibt damit indirekt noch einmal Auskunft über die von ihm selbst beanspruchte messianische Autorität.

Jesus stellt unter Berufung auf David selbst die Berechtigung der Auffassung in Frage, der Messias sei seiner Qualität nach Sohn Davids; damit schließt er von vornherein aus, daß sein eigener Anspruch im Horizont der überwiegend national-politisch verstandenen Davidssohn-Messianologie geortet werden dürfe, wie die Gegner es mit der Steuerfrage insinuiert hatten. Nach der durch die Schriftgelehrten vertretenen Auffassung sollte der erwartete Davidssproß der Herrscher im künftigen davidischen Weltreich sein. Dabei spielt die Davidssohnerwartung (auch anderer Spielart) in einem durch die Autorität des Mose und die Geltung der Tora, die der Messias nicht in Frage stellen werde, beschränkten Horizont. Die Brisanz erhält die Davidssohnfrage Jesu dadurch, daß er die Einordnung des Messias in diesen Horizont in Frage stellt, und zwar unter Berufung auf Offenbarung Davids selbst in souveräner Auslegung der Schrift.

Ps 110,1, als Psalm Davids verstanden, den der prophetische König aus apokalyptischer Einsicht „im heiligen Geist" geäußert hat, spricht von einem Wort Jahwes, das David in ekstatischer Schau gehört hat. Jahwes Wort richtet sich an Davids Herrn, der sich zur Rechten Jahwes, des Kyrios, setzen soll, bis dieser ihm seine Feinde unterwirft. Die letzte Wendung ist eine Verbindung von Ps 110, 1 und Ps 8, 7 und weist als solche darauf hin, daß der zur Rechten Gottes sitzende Herr Davids *der Menschensohn* ist. Den Platz zur Rechten Gottes nimmt der Menschensohn, *der Gerechte,* der Gerichtsbevollmächtigte Gottes ein (vgl. Mk 14, 62). Jesus ortet also seine eigene Messianität im Horizont seiner Menschensohnmessianologie.

Der Messias muß, da David ihn Herrn nennt, mehr als Davids Sohn sein, ein anderer „Sohn": der Menschensohn = Gottes Sohn. Der *ben adam* (Menschensohn = Adamssohn) ist in eschatologischer Entsprechung zum elternlosen, gottunmittelbaren Adam in besonderer Weise Ebenbild und Sohn Gottes.

Mit dieser Auslegung beeindruckt Jesus das Volk, das ihn im Tempel schützt, aber nicht, wie der Fortgang der Passionsgeschichte zeigt (bes. Mk 14, 62 f), seine Gegner.

*

Der Messias, der Menschensohn nicht Davids Sohn, sondern Davids Herr! Warum ortet Jesus seinen Anspruch im Horizont seiner Menschensohnmessianologie? Die Vorstellung vom Menschensohn, die Dan 7 auftaucht, ist bereits eine Transformation des alten Messiasbildes; die davidische Tradition vom Endzeitherrscher wird durch die mosaisch-prophetische Überlieferung erweitert, in die auch die deutero-jesajanische Konzeption eines Gottesknechtes gehört, der nicht durch bloße Verkündigung, sondern durch seine gesamte Existenz die Gottesoffenbarung der ganzen Welt vermittelt. Der „Menschensohn" trägt keinen Namen, und als Richter ist er der gesamten Menschheit zugeordnet; als derjenige, der „zur Rechten Gottes", auf „dem Thron der Herrlichkeit" sitzt, repräsentiert er Gottes Gerichtsvollmacht selbst, ist er mit dem göttlichen Geist der Weisheit ausgestattet und in die Geheimnisse des Heilsplans Gottes eingeweiht.

Wer beansprucht, Gottes letzter Bote zu sein und Gottes Offenbarung durch seine Botschaft wie seine Person über Israel an die ganze Welt zu vermitteln, beansprucht implizit die Autorität des Menschensohnes. Daß Jesus nur indirekt auf seinen Selbstanspruch als Menschensohn hinweist, entspricht seinem sonstigen Verhalten konsequenter Zurückhaltung gegenüber falschen Erwartungen auf mißverstehbare und eher diskreditierende Selbstoffenbarung. Wer dem Anspruch Jesu glaubt, seiner Autorität zustimmt, kann den Menschensohn nicht mehr gegen Jesus ausspielen, muß ihn mit Jesus identifizieren. Er kommt zur Erkenntnis, daß Davids Herr, den Jahwe zu seiner Rechten sitzen läßt, der Menschensohn Jesus ist. Der Glaube der Urgemeinde lebt von dieser Erkenntnis, und das Bekenntnis zu Jesus als dem „Sohn Gottes" entspricht genau seinem Anspruch, der Menschensohn zu sein. Der Menschensohn als der eschatologische Adam bringt Gottes Heilsplan zur Erfüllung in einem unüberbietbaren neuen Anfang. Als eschatologischer Offenbarer kann er nicht vorweg definiert werden, erst sein Auftreten in der Geschichte ermöglicht zu begreifen, wer er ist.

Die Davidssohn-Messianologie, die Jesus ablehnt, ist auch deshalb unzureichend, weil sie gleichsam den Spielraum des Messias (und damit den Spielraum Gottes) im vorhinein einschränkt. Die Menschensohn-Messianologie erlaubt die Konzeption eines exklusiven und universalen Anspruchs zugleich, der in geschichtlicher Konkretion – anstößig konkret – laut wird, insbesondere in der Passion des Menschensohnes (die nicht der Idee eines leidenden Messias folgt).

Gegen Ende des dritten Tages in Jerusalem sitzt Jesus im Vorhof der Frauen im Tempel der Schatzkammer gegenüber, wo Opferstöcke für verschiedenartige Opfer und für freiwillige Gaben aufgestellt waren. Wer in die Schatzkammer eintrat, teilte dem Priester, der an dem jeweiligen Opferstock seinen Dienst versah den Zweck seiner Geldspende mit und ließ von ihm überprüfen, ob das Geld für ein bestimmtes Opfer zureichte und ob es der vorgeschriebenen Tempelwährung entsprach. Daß Jesus zuschaut, wie das Volk Geld in die Schatzkammer bringt, macht also keine Vorstellungsschwierigkeiten. Die Erzähler setzen wohl voraus, daß die vielen reichen Leute ihre größeren Geldsummen ostentativ abgeben (vgl. Mt 6,2). Die arme Witwe ist wohl an ihrer Tracht erkennbar vorgestellt; ihre Gabe beträgt zwei Lepta, zwei der kleinsten Kupfermünzen, deren Wert im römischen Münzsystem der kleinsten Münze, dem Quadrans, entspricht.

Jesus hebt das Opfer der armen Witwe vor seinen Jüngern gegenüber allen anderen Opfern hervor. Mit der Amen-Formel verweist er auf seine Einsicht in die verborgene, wahre Dimension der unscheinbaren Tat. Das paradoxe „Mehr" der Spende der Witwe wird mit dem Gegensatz „Überfluß–Entbehrung" und steigernd mit der Dopplung „alles, was sie hatte" und „ihren ganzen Lebensunterhalt" erläutert. Wer aus seinem Überfluß gibt, gibt nicht nach seinem Vermögen; sein Leben, seine Existenz, er selbst ist nicht tangiert. Deshalb hat die Frau mehr gegeben, in ihrer Gabe sich selbst eingebracht, weil sie „ungeteilt" gab; sie behielt von den zwei Lepta nicht einen zurück.

Das Tun der Witwe wird von Jesus seinen Jüngern gewiß deshalb als beispielhaft dargestellt, weil es ganzes Vertrauen auf Gott und eine nach Gottes Sozialordnung lebende Gemeinschaft voraussetzt, in der die Witwe nicht darbt.

*

Die Urgemeinde wird schon deshalb an dieser Erzählung besonderes Interesse gehabt haben, weil hier die Grundlage ihres eigenen Lebens, des Lebens der von Galiläa nach Jerusalem übergesiedelten „Armen", gespiegelt war. Wenn alle alles, was sie besaßen, der Gemeinde freiwillig zur Verfügung stellten, so erfuhren sie konkret von Tag zu Tag, dann gab es keinen Armen unter ihnen: „Die ganze Gemeinde der Glaubenden war ein Herz und eine Seele; und keiner nannte etwas von seinem Besitz sein eigen, sondern alles gehörte ihnen gemeinsam ... Und keiner unter ihnen mußte Not leiden; denn alle, die Grundstücke oder Häuser besaßen, verkauften sie, brachten das Geld zu den Aposteln und legten es ihnen zu Füßen. Davon wurde jedem zugeteilt, soviel er brauchte" (Apg 4,32.34f).

Der Schlüssel für ein heilvolles Leben der Menschen unter der Sozialordnung Gottes liegt nach der biblischen Überlieferung, die Jesus immer wieder einschärft und deren Entstellungen er entlarvt, in einem Vertrauen und einem Engagement, das „ganz" und „ungeteilt" ist. Das „Ganze" und „Ungeteilte" ist „Mehr" als das Halbe und Geteilte, weil durch Halbes nur Halbheiten entstehen und Geteiltes zu weiteren Teilungen führt. Das Prinzip des Teilens ist die Devise des Herrschenwollens: „divide et impera"; das Prinzip des „Ganzen" ist die Devise des Dienens, der christlichen Diakonie.

Für Jesus ist klar, daß der Mensch Gott nicht ganz liebt, wenn er ihn nicht mit seinem „ganzen Vermögen" liebt, wenn er sich mit seinem Geld aus der gesellschaftlichen Verflechtung der Gemeinde Gottes heraushält durch „Almosen", mit denen er die „Armen" abspeist. Wenn der Christ sein menschlich vitales Interesse am Geld ungeteilt in den Dienst der Sache Gottes stellt, wenn die Christen zusammen, verantwortlich dies tun, wird Armut beseitigt. Andernfalls bleibt das Christentum „Klassengesellschaft", das nur für bestimmte Klassen attraktiv ist und andere dem Klassenkampf ausliefert.

Am Ende des dritten Jerusalemer Tages, an dem die Auseinandersetzungen mit der Führung des Judentums im Tempel die Brüchigkeit der Lebensgrundlagen des Volkes ans Licht treten ließen, zieht Jesus wieder nach Betanien; diesmal ist betont, daß er den Tempel verläßt, weil einer seiner Jünger den Lehrer auf die Pracht des Tempelkomplexes, die bewundernswürdige Beschaffenheit und Größe der Steine und Bauten hinweist. Die Pracht des herodianischen Tempels war unter den Zeitgenossen sprichwörtlich: „Wer nicht das Heiligtum in seiner Bauausführung gesehen hat, der hat niemals einen Prachtbau gesehen" (b. Sukka 51 b). Vielleicht wollte der ungenannte Jünger auch angesichts der Tempelfestung mit ihren riesigen Mauern Zweifel an ihrer Zerstörbarkeit äußern.

Jesus nimmt den Hinweis bestätigend auf: Das sind große und großartige Bauten! Aber diese Bestätigung bereitet nur eine Weissagung einer zukünftigen völligen Zerstörung des Tempels vor, bei der kein Stein auf dem anderen bleiben soll. Eine Gemeinschaft, die von inneren Spannungen zerrissen ist, wie Jesus sie in der Hauptstadt massiv wahrnehmen konnte, kann auch ihr Werk nicht bewahren. Jesus spricht in der Tradition prophetischer Tempelopposition (vgl. Jer 7), und seine Weissagung hat Folgen in seinem Prozeß (vgl. Mk 14, 58).

*

Der Tempel wurde vierzig Jahre nach Jesu Prophetie von den römischen Eroberern Jerusalems im jüdischen Krieg, in dem sich die jüdischen Aufständischen auch untereinander bekämpften, zerstört. Jesus hatte wahrgenommen, daß der Tempel „zur Räuberhöhle gemacht" worden war (Mk 11, 17), daß das Symbol des Gottesvolkes nicht Werk einer nach Gottes Sozialordnung lebenden Gemeinschaft war. Nach Lk 19, 41–44, einem im Rückblick auf den jüdischen Krieg verdeutlichten Text, hat Jesus bei seiner Ankunft vor der Stadt über Jerusalem geweint: „Wie er näher kam, erblickte er die Stadt und weinte über sie: ›Wenn doch an diesem Tage auch du erkenntest, was zum Frieden dient! Doch nun ist es vor deinen Augen verborgen. Denn es werden Tage über dich kommen, da werden deine Feinde einen Wall um dich her aufwerfen und dich einschließen. Von allen Seiten werden sie dich bedrängen und werden dich dem Erdboden gleichmachen samt deinen Kindern in dir, und keinen Stein in dir auf dem anderen lassen, dafür daß du die Zeit deiner Heimsuchung nicht wahrgenommen hast!‹"

Die Erkenntnis dessen, was zum Frieden dient, ist nicht nur umstritten geblieben bis hin zu den aktuellen Aufrüstungs- und Abrüstungsdebatten, sondern auch durch eine Christenheit wieder verdunkelt worden, die zerrissen ist wie das Judentum der Tage Jesu.

VII. 19: Mk 14, 1–2

Am Mittwoch der Passionswoche, zwei Tage vor dem Paschafest, blieb Jesus in Betanien. Die Hohenpriester und Schriftgelehrten in Jerusalem überlegen, wie sie angesichts des Schutzes, den Jesus unter den Festpilgern im Tempel fand, den lästigen Propheten außerhalb der Festmenge mit List ergreifen und zu Tode bringen könnten. Würden sie Jesus auf dem Tempelplatz in der Festmenge verhaften lassen, so wäre ein Volksaufruhr zu fürchten, und unliebsame Komplikationen mit der römischen Besatzung, die zu den Festen in Jerusalem immer verstärkt wurde, um das Sicherheitsrisiko der Zehntausende von Festpilgern herabzusetzen, wären die Folge.

*

Die Urgemeinde deutet die Logik des politischen Verhaltens der Gegner Jesu, die sich angesichts des Erfolgs Jesu bei den Pilgermassen in eine Zwangslage versetzt sahen. Der galiläische Prophet hatte zu viel Einfluß, als daß sie ihn hätten gewähren lassen können, solange sie mit seinem Reformprogramm, das auch von ihnen radikales Umdenken verlangte, nicht übereinstimmten.

Daß Jesu Gegner mit Jesus nicht übereinstimmen, wird von den Erzählern der Passionsgeschichte, die auf Motive aus der Tradition vom leidenden Gerechten anspielen, aus ihrer Existenz als Frevler, als Sünder abgeleitet: „Der Frevler belauert den Gerechten und sucht ihn zu töten" (Ps 37, 32); „Freche Leute trachten mir nach dem Leben, sie haben Gott nicht vor Augen" (Ps 54, 5); der Frevler „liegt auf der Lauer in den Gehöften und will den Schuldlosen heimlich ermorden; seine Augen spähen aus nach dem Armen. Er lauert im Versteck wie ein Löwe im Dickicht, er lauert darauf, den Armen zu fangen" (Ps 10,8f). Mit dem Stichwort „List" werden die Gegner Jesu deutlich als Frevler gekennzeichnet.

VII. 20: Mk 14,3–9

Am Spätnachmittag liegt Jesus im Hause Simons des Aussätzigen in Betanien zu Tisch. Ob das Haus Jesu Quartier in Betanien oder Ort einer Einladung zu einem Gastmahl war, bleibt ungeklärt. Simons Beiname besagt nicht, er sei von Jesus geheilt worden; vielleicht haftete auch nur der Name eines früheren Besitzers am Haus.

Während der Mahlzeit kommt eine Frau mit einem Alabasterfläschchen voll kostbaren Nardenöls, bricht den zarten Hals des Fläschchens ab und gießt das flüssige Salböl auf Jesu Haupt. Die ungewöhnliche Handlung der Frau wird vom Erzähler nicht motiviert, weil er sie später von Jesus deuten läßt.

Entrüstet kritisieren einige Anwesende die Vergeudung des Salböls, die sie für sinnlos halten. Das teure Salböl hat den Wert eines Jahreseinkommens eines Arbeiters (200 Denare), man hätte es verkaufen und den Erlös als Almosen an die Armen geben können, zumal die Juden in der Paschawoche insbesondere zum Almosengeben verpflichtet waren.

Jesu Antwort, welche die Tat der Frau rechtfertigt, nimmt auf beide Aspekte der Kritik Bezug, auf den Gegensatz „Verschwendung – Almosen", wie auf den Gegensatz „Jesus – die Armen". Zunächst verlangt Jesus, daß die schnaubenden Kritiker die Frau nicht belästigen. Dann folgt die erste Erklärung: Die Frau hat keine Verschwendung betrieben, sondern ein „gutes Werk" getan, und zwar an Jesus. Das „gute Werk" ist zwar kein *Almosen* für die Armen, aber ein *Liebeswerk* an Jesus. Die jüdische Frömmigkeit unterscheidet unter den „guten Werken" die Almosen, Geldgaben an lebende Arme, von den Liebeswerken, die an Armen und Reichen, Lebenden und Toten, nicht nur mit Geld, sondern auch mit persönlichem Einsatz geübt werden. Die Liebeswerke sind an besondere Situationen gebunden, als besonders dringlich gilt das Liebeswerk der Totenbestattung. Das Liebeswerk steht über dem Almosen.

Jesus erklärt, die Frau habe ein „gutes Werk" getan, obwohl sie Almosen verhindert hat; also muß er ein Liebeswerk im Auge haben. Die Frau hat an ihm ein Liebeswerk geübt, weil Jesus jetzt angesichts seines Todes *der Arme* ist. Die Armen haben die Kritiker, solange sie nicht in ungeteilter Gemeinschaft leben, allezeit bei sich, und sie können ihnen nach Gefallen Gutes tun. Jesus haben sie nicht allezeit, an ihm können sie nur noch jetzt Gutes tun, das gebotene Liebeswerk, das die Frau getan hat unter Beachtung des Kairos und mit persönlichem Einsatz. Sie hat den Leib Jesu im voraus zum Begräbnis gesalbt. Sie hat die kostbare Salbe, den Luxusgegenstand, zum jetzt gebotenen Liebeswerk der Totensalbung Jesu benutzt, sie also richtig „verschwendet": an den Armen! Weil die Frau des Armen, des Gerechten (vgl. Ps 41,2f) gedacht hat, wird ihrer vor Gott gedacht werden, wenn die Frohbotschaft vom Herrschaftsantritt Gottes in der ganzen Welt (von den eschatologischen Boten = den Engeln) ausgerufen wird. Wie bei der Tat der armen Witwe (Mk 12,44) deckt Jesus mit einem Amen-Wort die eschatologische Qualität der Handlung der Frau auf, das Gewicht ihrer Aktion vor Gott.

Jesu Rechtfertigung der Frau scheint von einer deutlichen Vorahnung des ihm in Jerusalem drohenden Todesgeschicks getragen, das gleichzeitig von Judas, der von Betanien fortgegangen war, eingefädelt wird.

*

Wozu diese Verschwendung? Jesus weiß, daß ungeteilte Liebe verschwenderisch ist, nach Vermögen. Die „Wohltaten", welche die Menschen sonst tun, tun sie, „wenn sie wollen"; sie entspringen nicht unbedingter Zuwendung. Das „Allezeit" ihrer Möglichkeit macht sie beliebig, während die Bindung des Liebeswerkes an den Kairos unbeliebig verschwenderischen Umgang mit Zeit und Geld erfordert.

Die jüdische Tradition nennt als die wichtigsten Liebeswerke: Speisung der Armen, Kleidung der Armen, Gastlichkeit, Auslösung von Gefangenen, Krankenbesuche, Teilnahme an Hochzeitszügen, Tröstung von Trauernden, Totenbestattung. In der Weltgerichtsrede hat Jesus diese Liebeswerke zum Gerichtskriterium gemacht und aufgedeckt, daß diejenigen, die sich der Pflicht der Liebe entziehen, eine selbstbezogen irreale Existenz führen: Hätten wir *Dich* krank usw gesehen, dann hätten wir... Ähnlich ist auch die Haltung der Kritiker der Frau in unserer Erzählung charakterisiert: Man hätte doch das Salböl verkaufen können... Hätten sie es wenigstens verkauft, wenn es ihnen gehört hätte? Ihre irreale Existenz verrät sich doch an der mangelnden Zuwendung zu Jesus in der konkreten Situation seiner Bedrohung.

Wie aber gelingt reale Existenz? Nach Jesus und seinen Nachfolgern nur im ungeteilten Miteinander, in dem Armut aufgehoben und situationsangemessene Verschwendung möglich wird – wenn jeder, wie die ungenannte Frau aus Betanien, „tut, was er vermag". Reale Existenz scheitert in dem Maß, in dem jeder seinen Teil entzieht, sich entzieht, seine Zeit entzieht.

VII. 21: Mk 14,10–11

Daß die Zwölf, die ausgewählten Jünger, die Jesu Anspruch auf die endzeitliche Sammlung des Zwölfstämmevolkes symbolisieren, mit ihm in Betanien einquartiert sind, ist seit Mk 11,11 (III. 9) vorausgesetzt. Judas, der eine von ihnen, der Jesu Verräter wurde, wird jetzt in die Erzählung eingeführt. Judas trägt einen Beinamen, der vermutlich eine Herkunftsbezeichnung (Mann aus Kariot) war, der aber auch als

Charakterisierung des Verräters verstanden werden kann: der heimtückische Mensch. Die Bemerkung, daß Judas fortgegangen war, bezieht sich auf die vorangehende Mahlszene in Betanien, bei der Judas (anders als in der Parallele des Johannesevangeliums) wohl schon nicht mehr anwesend gedacht ist. Judas ist nach Jerusalem gegangen und hat sich an die Führer der Gegner Jesu, die Hohenpriester, gewandt, die auch im Prozeß gegen Jesus als die treibende Kraft erscheinen. Er will ihnen Jesus bei günstiger Gelegenheit, außerhalb der Festmenge (vgl. Mk 14,2), ausliefern und erhält das Versprechen, daß er für den Verrat mit Geld entlohnt wird. Die Hohenpriester freuen sich angesichts der Aussicht, Jesus nun doch ergreifen zu können, verständlich, wenn man ihre Lage bedenkt.

Ob die Initiative zum Verrat Jesu von Judas ausging, ob er angeworben und bestochen wurde, wann seine Bemühungen um eine günstige Gelegenheit zur Auslieferung Jesu einsetzten, ob die Paschanacht als günstiger Zeitpunkt bereits ins Auge gefaßt wurde usw., all dies ist der knappen Schilderung nicht zu entnehmen.

*

Die Urgemeinde wird auch dieses Erzählstück im Horizont der Traditionen vom leidenden Gerechten gehört haben: „Denn nicht mein Feind beschimpft mich, das würde ich ertragen; nicht ein Mann, der mich haßt, tritt frech gegen mich auf, vor ihm könnte ich mich verbergen. Nein, du bist es, mein Freund, mein Vertrauter, mit dem ich, in Freundschaft verbunden, zum Haus Gottes gepilgert bin inmitten der Menge" (Ps 55,13–15); „Denn ein Mund voll Frevel, ein Lügenmaul hat sich gegen mich aufgetan. Sie reden zu mir mit falscher Zunge, umgeben mich mit Worten voll Haß und bekämpfen mich ohne Grund. Sie befeinden mich, während ich für sie bete, sie vergelten mir Gutes mit Bösem, mit Haß meine Liebe" (Ps 109,2–5).

Die Frau, die Jesus verschwenderisch salbt, und Judas, der Vertraute Jesu, der ihn heimtückisch und bestechlich verrät, sind nebeneinandergestellt; an verschiedenen Schauplätzen wird Jesu Tod in heimtückischer bzw. liebend vorsorgender Weise bedacht. Im Johannesevangelium wird Judas auch in die Salbungserzählung eingeführt und zum Kritiker der Frau gemacht (Joh 12,5); der Evangelist kommentiert: „Das sagte er freilich nicht aus Fürsorge für die Armen, sondern weil er ein Dieb war und als Kassenführer die Einkünfte zu unterschlagen pflegte" (Joh 12,6).

Die Kontrastierung der Frau und des Judas besagt implizit, daß die Einstellung zu Jesus etwas mit der Einstellung zum Geld zu tun hat, ein Zusammenhang, der im gegenwärtigen Christentum wenig konkret bedacht wird.

VIII. 22: Mk 14, 12–16

Als erster Tag des Festes der ungesäuerten Brote wird meist der 15. Nisan, der Paschafesttag, gezählt, doch ist mit der Angabe über die Schlachtung der Paschalämmer, die am Nachmittag des 14. Nisan erfolgte, eindeutig der 14. Nisan, der Donnerstag als der Tag bestimmt, an dem Jesus das Paschamahl vorbereiten läßt. Da man den Sauerteig aus den Häusern schon am Vormittag des 14. Nisan fortschaffte und beim Paschamahl zu Beginn des 15. Nisan nur mehr ungesäuertes Brot aß, hat man gelegentlich Ex 12, 15 („Gleich am ersten Tag sollt ihr den Sauerteig aus euren Häusern fortschaffen") so gedeutet, daß der 14. Nisan der erste Tag des Festes der ungesäuerten Brote sei. Die Frage der Jünger Jesu setzt den Pascharüsttag voraus. Das Paschamahl mußte gemäß den Vorschriften in Jerusalem gefeiert werden. Aber wo? Ein entsprechender Raum mußte besorgt werden.

Jesu Antwort, die häufig als legendär empfunden wird, wird ganz konkret verständlich, wenn wir die Situation seiner Bedrohung in Jerusalem voraussetzen und annehmen, daß er mit einem Jerusalemer Hausherrn ein Zeichen verabredet hat, das ihm ermöglicht, den Ort des Paschamahls, das er mit seinen Jüngern feiern will, bis zuletzt geheimzuhalten. Bei der Ankunft in der Stadt soll den beiden Jüngern, die Jesus zur Vorbereitung des Paschamahls ausschickt, ein Mann begegnen, der einen Wasserkrug trägt. Der Wasserträger soll wohl ein Diener des Hausherrn sein; daß er einen *Krug* trägt, den normalerweise Frauen zum Wassertransport benutzten, während Männer Lederschläuche bevorzugten, macht den unbekannten Diener eindeutig erkennbar. Die beiden Jünger Jesu brauchen ihm nur durch Jerusalems Gassen zu folgen, bis er ein Haus betritt; dort können sie sich an den Hausherrn wenden und die mit Jesus vereinbarte Parole „Der Lehrer sagt..." ausrichten. Der Hausherr wird dann gemäß der Vereinbarung mit Jesus den Jüngern ein fertig hergerichtetes Obergemach zeigen, in dem sie die Vorbereitungen zum Paschamahl treffen können, bis Jesus am Abend mit den Zwölfen kommt.

Nach der langen Instruktion Jesu wird die Ausführung seiner Anordnungen knapp geschildert. Die Verabredung hat geklappt, die Jünger haben über den Wasserträger das Haus gefunden und das Paschamahl vorbereitet.

*

Die Passionsgeschichte zeigt keinen weltfremden Jesus, der blindlings in die Fallen seiner Gegner rennt. Wie Jesus bei den heimtückischen Befragungen auf dem Tempelplatz überlegt und schlagfertig reagiert, so agiert er jetzt besonnen, klug, vorsichtig. Da sich die Festmenge am Paschaabend in die kleinen Mahlgemeinschaften zerstreut, kann Jesus angesichts der feindseligen Haltung der Jerusalemer Obrigkeit an diesem Abend in der Stadt nicht sicher sein. Also trifft er Vorsichtsmaßnahmen, die auf die Geheimhaltung seines Aufenthaltsortes zielen. Den Paschamahlsaal kann Judas nicht an die Hohenpriester verraten.

Daß die Vorbereitung des Paschamahls überhaupt erzählt wird, hängt gewiß auch mit der Bedeutung der Ereignisse beim Mahl selbst für die Erzählgemeinschaft, die Urgemeinde zusammen. Aber darüber hinaus kann doch erwogen werden, ob Jesus dem Paschamahl mit seinen Jüngern deshalb besondere Bedeutung zumaß, weil er das Mahl zur Gelegenheit der Deutung des ihm drohenden Todes machen wollte.

Wer die Sache Gottes betreibt, kann nicht weltfremd, leichtsinnig, ohne Rücksicht auf seine Umwelt, auf Zeit und geschichtliche Stunde agieren. Jesus hat seinen Hörern in seinen Parabeln immer wieder sachgerecht kluges Verhalten weltzugewandter Menschen vorgeführt. Die „Offenbarung" Gottes ist an konkret weltlichen Stoff, an alltägliche und besondere Ereignisse gebunden. Falsche „Idealisierungen" weltflüchtigen Charakters werden ihrem Anspruch nicht gerecht.

VIII. 23: Mk 14, 17–21

Die Paschafeier beginnt nach Sonnenuntergang und dauert bis tief in die Nacht, bis nach Mitternacht. Gegen Abend kommt Jesus mit den Zwölfen in die Stadt zum Paschamahl. Dessen ritueller Ablauf ist in der Urgemeinde, welche die Passionsgeschichte erzählt, bekannt und braucht nicht im einzelnen geschildert zu werden. Erzählt wird von einem besonderen Vorkommnis bei der Paschamahlvorspeise, während der Grünkräuter und Bitterkräuter in Fruchtmustunke getaucht, gegessen werden. Jesus hat seine Auslieferung durch einen der Zwölf vorhergesagt. Der Verräter wird in dem prophetischen Amen-Wort als ein Vertrauter Jesu, als einer aus seiner Mahlgemeinschaft bezeichnet, und zwar unter Anspielung auf Ps 41, 10: „der mit mir ißt". An der bestürzt-betrübten Reaktion im Kreis der Jünger, die einer um den anderen empört fragen: „Doch nicht ich?", scheint auch Judas beteiligt. Im Unterschied zu den Darstellungen der späteren Evangelien wird er in der alten Passionsgeschichte aber nicht direkt entlarvt; Jesus beteuert nur, daß der Verräter unter den Zwölfen zu suchen ist, unter denen, die mit ihm die Kräuter in die Schüssel tunken. Das abschließende, Jesus wohl von der Urgemeinde in den Mund gelegte Wort räumt zunächst ein, daß der Hingang des Menschensohnes in den Tod schriftgemäß und daher nach Gottes Willen geschieht; doch „jenem Menschen", wie im Alten Testament häufig die Frevler genannt werden, dem treulosen Freund des Gerechten, von dem die Traditionen vom Leiden des Gerechten sprechen, dem, durch den der Menschensohn ausgeliefert wird, gilt das „Wehe", das Todesansage und Verkündigung des Gerichts ist. Der Mensch, der besser nicht geboren worden wäre, ist verflucht.

Auch wenn im einzelnen der Wortlaut der Verratsansagen Jesu nicht als authentisch zu sichern ist, dürfen wir doch damit rechnen, daß Jesus bei der Paschamahlvorspeise seine Auslieferung durch einen Jünger aus dem Zwölferkreis vorausgesagt hat; gerade der Sachverhalt, daß Judas nicht direkt bezeichnet und entlarvt wird, spricht dafür. Charismatisches Gespür für die eigene Situation und für Unstimmigkeiten im Kreis seiner Jünger wird man Jesus nicht absprechen dürfen; selbst wenn er Judas nicht durchschaut hat, konnte er Ahnungen aussprechen.

*

Daß den Feinden des leidenden Gerechten Unheil angesagt wird, gehört zu den festen Topoi der entsprechenden Überlieferungen. Das „Wehe" darf der Prophet sprechen, der seine Zeitgenossen vom Jahwe-Glauben her beurteilt, sie gleichsam mit den Augen Gottes sieht. Für die Urgemeinde hat der Menschensohn das Gerichtsurteil über Judas gesprochen, und sie hat sein schreckliches Ende im Anschluß an Ps 69 und 109 ausgemalt (vgl. Mt 27, 3–10; Apg 1, 16–20). Der Fluch, den der Frevler auf sich zieht, vernichtet ihn.

Es gehört zu den humanistischen Erweichungen des christlichen Glaubens, wenn Gott als Richter nicht mehr ernst genommen, am Urteil über Judas herumgedeutet, sein Verhalten entschuldigt wird. Nur wo Schuld eingestanden wird, kann sie aufgehoben werden. Aber Verrat an der Glaubensgemeinschaft muß mit dem prophetischen Wehe bedacht werden, weil sonst Glaubenstreue verharmlost, Glaubensabfall bagatellisiert wird. Denn der Glaube ist das Gericht, die Unterscheidung des Lebens vom Tod.

Ein zweites besonderes Vorkommnis berichtet das „Evangelium der Urgemeinde" von der Paschahauptmahlzeit, bei der nun zum Paschalamm das ungesäuerte Brot gegessen wurde. Jesus, der den Vorsitz beim Mahl führt, als Mahlvorstand fungiert, nimmt eine Mazze, einen Fladen ungesäuerten Brotes, spricht darüber in aller Namen den Segen, reißt für jeden der Mahlteilnehmer ein Stück ab und reicht es ihnen. An den geläufigen Ritus knüpft Jesus eine besondere Mahlhandlung an. Er fordert die Jünger – was ungewöhnlich ist – ausdrücklich auf: „Nehmt!" und deutet bei der Austeilung das Brot: „Dies ist mein Leib." Die Aufforderung vor dem Deutewort setzt wohl voraus, daß Jesus von dem so gedeuteten Brot nicht mitißt.

Mit dem Deutewort deutet Jesus das Brot, das er bricht und austeilt, auf sich selbst, und zwar mit Emphase: Das bin ich selbst! Das Verständnis des nur scheinbar dunklen Deutewortes erschließt sich, wenn beachtet wird, daß Jesus mit dem ausgeteilten Brot Segensgemeinschaft vermittelt. Er interpretiert sich als Quelle von Segen und Heil, als Heilsmittler. Er setzt die besondere Bedeutung seiner Person voraus. Die Jünger konnten verstehen: Dies bin ich, der Messias. Der Brotgestus mit dem emphatisch auf Jesu Person abhebenden Deutewort konnte von den Jüngern kaum anders denn als messianische Selbstdeutung und Teilgabe an der Gemeinschaft mit ihm als dem Messias verstanden werden (vgl. 1 Kor 10, 16).

Mit der Becherhandlung, ebenfalls einer besonderen Mahlhandlung, knüpft Jesus an den rituell vorgeschriebenen dritten Weinbecher am Schluß der Paschahauptmahlzeit an. Er spricht jetzt das Dankgebet und reicht den Jüngern den Becher. Die Bemerkung, daß alle daraus tranken, ist vor das Deutewort gezogen, da die Erzähler dieses mit der abschließenden Todesprophetie Jesu verbunden haben. Selbstverständlich ist vorausgesetzt, daß Jesus zunächst mit der Übergabe des Bechers das Deutewort sprach; entgegen dem Brauch gab er aber, ohne selbst zu trinken (wie er schon vom auf sich selbst gedeuteten Brot nicht mitaß), gleich den Zwölfen zu trinken.

Mit dem Deutewort deutet Jesus den Wein, den er im Becher austeilt, auf sich selbst, seine in den Tod gegebene Person. Das Blut, das vergossen wird, meint das dem Sterben ausgelieferte Leben. Mit dem Stichwort Bundesblut ist auf Ex 24, 8 angespielt, wo Mose das Blut, mit dem er das Volk besprengte, mit einem *Deutewort* deutet: „Siehe, das Blut des Bundes." Zur Zeit Jesu wurde Ex 24, 8 sühnetheologisch ausgelegt. Jesu Bundesblut, sein Tod, dient der stellvertretenden Sühne und einem neuen Bund, den Gott Israel (und den Völkern) anbietet. Mit der Anspielung auf Jes 53, 12 in der Wendung „vergossen für viele" (= für alle) macht vollends deutlich, daß Jesu kommender Tod stellvertretende Lebenshingabe mit universal geltender Sühnewirkung sein soll. Durch den Tod des Messias, des messianischen Gottesknechtes, stiftet Gott einen neuen Bund.

Auch für das Weindeutewort ist zu beachten, daß mit dem ausgeteilten Wein Segensgemeinschaft vermittelt wird. Jesus gibt den Jüngern mit dem (roten) Wein, der Blut symbolisieren kann, die Segensgemeinschaft mit sich selbst, dem Messias, Anteil an der durch seinen Tod geschenkten Sühne, neue Gemeinschaft mit Gott im „neuen Bund". Auch mit dem gedeuteten Wein interpretiert Jesus sich als Heilsmittler: als Mittler des neuen Bundes, den Gott durch seinen stellvertretenden Tod stiftet. Die Empfänger seiner Vorweg-Gabe repräsentieren das neue, durch Jesu Tod entsühnte Gottesvolk und werden die Boten des „neuen Bundes", zu dem sie nach Ostern ganz Israel einladen – und später alle Völker. Im Abendmahl feiern sie nach Ostern die Gemeinschaft mit dem Heilsmittler und ihre Gemeinschaft als Heilsgemeinschaft.

Die abschließende Todesprophetie, das Amen-Wort, macht ganz deutlich, daß die besonderen Mahlgesten Jesu mit der Deutung seines Todes zu tun haben. Jesus knüpft an die Becherhandlung an und sagt voraus, daß er niemals mehr Wein trinken wird. Damit spricht er erneut verhüllt von seinem Tod. Die Befristung seiner Prophetie ist von Heilsgewißheit über den Tod hinaus getragen: er wird neu trinken im Reich Gottes, beim Vollendungsmahl, das der Menschensohn mit den Auserwählten halten wird. Jesu Todesprophetie hat ihre Spitze in seiner Auferstehungsgewißheit.

*

Jesu Abendmahlshandlung und seine Abendmahlsworte haben ihren konkreten geschichtlichen Ort im Konflikt zwischen Jesus und den Repräsentanten Israels vor dem Paschafest in Jerusalem. Jesus war als der letzte Bote Gottes an Israel gesandt, als Freudenbote, Verkündiger der Gottesherrschaft, Heilbringer. Seine Ablehnung bringt Jesus selbst in einen tieferen Konflikt: Was geschieht, wenn Israel, das Jesus in eschatologischer Stunde als der von Jahwe gesandte Hirt sammeln will, wenn Jerusalem als Israels repräsentatives Zentrum, wenn die Führer des Volkes als seine Repräsentanten Jesus, den letzten Boten Gottes verwerfen und zu Tode bringen? Zieht Israel sich nicht endgültige Verwerfung, gnadenloses Gericht durch die Ablehnung der Gnade zu? Wird der eschatologische Heilsmittler so geschichtlich-faktisch zum Unheilsmittler? Jesus selbst hat den so beschriebenen Konflikt selbst in der Winzerparabel (Mk 12, 1–9; vgl. V. 14) deutlich exponiert: Wird der Herr des Weinbergs kommen, die Winzer verderben und den Weinberg anderen geben?

Diesen Konflikt, einen konkret konstellierten Konflikt, den Konflikt zwischen der unbedingten Heilszusage, die Jesus als letzter Bote Gottes Israel überbringt, und der Verweigerung Israels, die scheinbar Gottes Boten, in Wahrheit aber Israel selbst scheitern ließe, löst Jesus, indem er seine Sendung als Heilssendung bis in den Tod durchhält und seinen Tod als den Tod des eschatologischen Heilsboten, als Heils- = Sühnetod für Israel versteht.

Was bedeutet aber „Sühne", was ist die Sache des für uns

so abgegriffenen Wortes? Der Begriff setzt Schuld und Sünde, eine Störung des Gottesverhältnisses voraus, den Verlust der Integrität, eine Verschuldung, die der Mensch von sich aus nicht reparieren kann. Wer vor Gott schuldig geworden ist, hat eigentlich sein Leben verwirkt. Israel verwirkt seine Existenz in der Verwerfung des eschatologischen Boten Gottes definitiv, sein Gottesverhältnis ist unheilbar gestört.

Rettung kann in solcher Lage nur von Gott selbst kommen; Sühne wird von Gott erbeten, aber in der Verwerfung Jesu von Nazaret, des Sohnes Gottes, hat Israel selbst diese Möglichkeit verspielt. Israel kann Gott auch keine Stellvertretung mehr anbieten, durch die seine Schuld aufgehoben werden könnte. Nur Jesus selbst kann noch als Fürbitter und Stellvertreter auftreten und in seiner Lebenshingabe das verwirkte Leben Israels übernehmen. Er kann es, weil sich durch ihn, der sich Gott ganz, ungeteilt und vorbehaltlos zur Verfügung stellte, Gott von sich aus, aus freien Stücken engagiert.

Sühne ist an Stellvertretung gebunden, an lebensrettende Stellvertretung. Wer kann aber für die Schuld der Ermordung des letzten Boten Gottes noch einmal in totaler Lebenshingabe eintreten, wenn alle schuldig geworden sind, wenn mit dem letzten Boten der letzte Stellvertreter getötet wird?

Wenn nicht Jesus, der letzte Bote Gottes, Gottes eschatologischer Vollmachtsträger, selbst den ihm drohenden Tod als sühnende Stellvertretung übernahm, mußte das Gottesverhältnis der Menschheit und damit das Verhältnis aller Menschen untereinander unheilbar gestört bleiben.

Wir haben bereits erörtert (vgl. V. 14), daß die Neigung zur Gewalt, der Mord, zuletzt und zutiefst der Rivalität des Menschen mit Gott, seinem abgründig grundlosen Haß gegen Gott entspringt. In dem Maße, in dem Menschen, die sich Gott zur Verfügung stellen, Gott selbst in dieser Welt ankommen lassen, trifft sie dieser Haß intensiver. In den leidenden, verfolgten Gerechten, in den ermordeten

Propheten fand der Widerstand gegen Gott immer schon seine „Objekte". In Jesus, dem Erben und Sohn, wurde schließlich der Vater selbst „getroffen". Er selbst konnte nur noch durch seinen Sohn Sühne schaffen, „sola gratia", in letzter Äußerung sciner Liebe, der Entäußerung der Liebe im Tod.

IX. 25: Mk 14,26–31

Das Paschamahl schließt mit dem Hymnus des „kleinen Hallel", dem Gesang von Ps 115–118. Jesus geht – wohl bald nach Mitternacht – mit seinen Jüngern zum Ölberg. Nach der zeitgenössischen Auslegung von Dtn 16,7 („Du sollst das Paschalamm an der Stätte kochen und verzehren, die der Herr, dein Gott, ausgewählt hat, und am Morgen darfst du wieder zu deinen Zelten zurückkehren") mußten die Juden in der Paschanacht in Jerusalem übernachten. Um die Durchführung der Vorschrift zu ermöglichen, war für die Paschanacht der Stadtbezirk Jerusalems bis hinter den Kamm des Ölbergs erweitert worden. Jesus kehrt also nicht nach Betanien zurück, sondern bleibt der Vorschrift gemäß am Hang des Ölbergs im Stadtbezirk.

Daß Judas nicht mit hinausgegangen ist, wird in der Erzählung stillschweigend vorausgesetzt; vielleicht hat er sich in den dunklen, engen Gassen Jerusalems unauffällig von der Gruppe der Jünger entfernt. Jedenfalls muß er zu den Hohenpriestern gegangen sein, sobald er erfahren hatte, wo Jesus sich in der Paschanacht aufzuhalten gedenke.

Mit dem Wechselgespräch auf dem Weg zum Ölberg bereiten die Erzähler späteres Geschehen vor: die Flucht der Jünger im Garten Getsemani und die Verleugnung Jesu durch Petrus im Palast des Hohenpriesters. Jesus sagt zunächst das Versagen der Jünger voraus. Die Voraussage wird mit der Zitation von Sach 13,7 begründet: Der Schlag gegen den Hirten führt zur Zerstreuung der Jünger. Der Unheilsansage ist dann eine Heilsansage beigefügt, die auf den Schluß des „Evangeliums der Urgemeinde" vorverweist

(Mk 16,7): Der Tod des Hirten leitet nicht nur die Zerstreuung der Herde, sondern auch eine neue Sammlung ein, und zwar in Galiläa. Der Auferstandene zieht als der Hirt der Herde wieder voran. Die Urgemeinde bekennt in der Prophetie, die sie Jesus in den Mund legt, daß die Sammlung der Jüngergemeinde nach Ostern, Jesus, dem Auferstandenen, verdankt ist.

Petrus will sich aus der Schar der Jünger, die zu Fall kommen, ausnehmen; doch in einem Amen-Wort sagt Jesus ihm dreimaliges Verleugnen noch in dieser Nacht, vor dem zweiten Hahnenschrei, dem Anbruch des Morgens, voraus. Petrus reagiert überschwenglich mit einer Bekundung seiner Martyriumsbereitschaft; und alle Jünger schließen sich seinen Beteuerungen an.

*

Ob Jesus auf dem Gang zum Ölberg, nachdem Judas sich entfernt hatte und der drohende Verrat spürbar geworden war, Ahnungen aussprach, daß er von den Jüngern im Stich gelassen werde, muß offenbleiben. Die Erzählung, wie sie vorliegt, dient der Bewältigung des Versagens der Jünger durch die Vorstellung des Vorherwissens und Vorhersagens Jesu, insbesondere durch seine Heilszusage für die Zeit nach Ostern. Das Geschick der Jünger, die ihr Versagen eingestehen, wird im Wort Jesu aufgehoben. Die überschwengliche Zurückweisung der Vorhersagen Jesu mag im Sinne der Erzähler den „bereiten Geist" der Jünger charakterisieren, die ob des „schwachen Fleisches" (Mk 14,38) jedoch versagen werden, schon in der Getsemani-Szene, die folgt.

Deutlich herausgearbeitet ist in dieser Szene, daß die Jünger ganz auf den Hirten Jesus angewiesen sind, sich seiner Führung anvertrauen müssen. Der „gute Wille", den sie bekunden, erweist sich im nachhinein als unzureichend; die Nachfolge Jesu ist keine „moralische Anstrengung", sondern ein Sich-Führen-Lassen auf einem konkreten Weg. Auch in der nachösterlichen Jüngergemeinde geht es nicht um den Austausch von Bekundungen „guten Willens", sondern um die Führung der Gemeinde durch „gute Hirten", die ihr Leben für die Schafe einsetzen (vgl. Joh 10, 15 b. 17), und das Sich-führen-Lassen.

IX. 26: Mk 14,32–42

Der Gang Jesu mit den Jüngern zum Ölberg endet an dessen unterem Abhang oberhalb des Kidrontals in einem Landgut namens Getsemani (= Ölkelter); vielleicht war der Platz im Besitz eines Anhängers Jesu. In der Erzählung vom Gebetsringen Jesu und vom Schlaf seiner vertrauten Jünger scheint die Erinnerung an das Geschehen der letzten Stunde vor Jesu Verhaftung stark in das Licht alttestamentlicher Texte getaucht zu sein.

Jesus trennt sich von den Jüngern zum Gebet (vgl. Abrahams Weisung an seine Knechte Gen 23,5). Nur die drei Vertrauten, Petrus und die Zebedaiden, nimmt er mit sich; sie werden zu Zeugen seiner Todesangst, des Schauders (vgl. Ps 116, 11.15; auch Ps 31,23), und seines Zagens (vgl. Ps 61,3), der Reaktion des Gerechten auf den ihm drohenden Tod (vgl. auch Ps 55,4–6) in seiner Klage (vgl. Ps 42,6.12; 43,5; Jona 4,9). Die Betrübnis der Seele bis zum Tod meint gebetsformelhaft die äußerste Tiefe der Betrübnis; die Klage drückt die als Erschütterung erfahrene Bedrohung des Lebens aus, das Bewußtsein eines letzten Ausgeliefertseins. Wie zuvor die übrigen Jünger, werden dann auch die drei Vertrauten angewiesen zurückzubleiben; sie sollen wachen. Mit dieser Aufforderung ist das zweite Hauptthema der Erzählung exponiert. Obwohl mit dem Bild der schlafenden Jünger Jesus als der leidende Gerechte in seiner totalen Verlassenheit gezeigt ist, stammt dieses Bild nicht aus dem Repertoire der Traditionen vom leidenden Gerechten; es wird zu den historischen Vorgaben der Szene zu zählen sein.

Jesus entfernt sich ein wenig und wirft sich zu Boden; sein Gebet wird als Bitte um das Vorübergehen „der Stunde" beschrieben, der Stunde seines Leidens. Aber Jesus fügt sich in Gottes Willen. Im Gebetszitat ist die dreiteilige Normalform jüdischen Betens mit Anrede an Gott, Bekenntnis seiner Allmacht und Bitte um ein viertes Element erweitert, die Hintantstellung des Willens des Beters hinter den Willen Gottes. Mit Jesu aramäisch und in griechischer Übersetzung wiedergegebenen Gebetsanrede ist ein Herzstück seines Glaubens überliefert: Jesus redet Gott familiär an mit der Anrede der Kinder an den Vater; Vertrautheit neuer Gotteserfahrung und besonderer Gottesverbundenheit in unbedingtem Gehorsam kommt zu Wort. Seine Bitte um die Wegnahme des Leidensbechers bleibt der Erfüllung des Willens Gottes zugeordnet.

Bei seiner Rückkehr trifft Jesus die drei Jünger schlafend an; nach der Paschafeier spät in der Nacht konnten sie sich nicht wachhalten. Petrus, der Erste der Jünger, wird von Jesus angesprochen und kritisiert, weil er nicht einmal kurze Zeit zu wachen vermochte. Dann mahnt Jesus alle Jünger zu Wachsamkeit und Gebet, damit sie nicht in Versuchung geraten, damit das schwache Fleisch, die Einbruchstelle der gottwidrigen Mächte, nicht über den „willigen Geist" (vgl. Ps 51, 14) obsiege. Im Kontrast zum Versagen der Jünger wird Jesus erneut als Beter gezeigt, der seinen „willigen Geist" mit dem Willen Gottes eint. Seine abermalige Rückkehr macht aber offenbar, daß er als Beter allein geblieben ist; die Jünger schlafen erneut und erweisen sich als schwach, in die Versuchung verstrickt. Die entschuldigende Erklärung verdeutlicht nur ihre Schwäche: die „schweren Augen" (vgl. Gen 48, 10) sind zum Symbol des „schwachen Fleisches" geworden. Auch ihre Verlegenheit angesichts der mahnenden Ansprache Jesu, die vorausgesetzt scheint, ist Zeichen ihrer Schwäche. Die Szene gewinnt tragische Züge. Den Jüngern fehlt das Verständnis der Situation.

Mit der dritten Rückkehr Jesu und seiner Deutung der Stunde wird zur Verhaftungsszene übergeleitet. Während die Jünger geschlafen haben, hat sich Jesus zur Annahme des Leidensgeschicks im Gebet durchgerungen, wie die Erzähler mit einer letzten Menschensohnprophetie verdeutlichen: der Gerechte wird in die Hände der Sünder, seiner Feinde (vgl. Ps 36,12; 37,32f; 71,4; 82,4; 97,10), ausgeliefert.

Jesu abschließende Aufforderungen knüpfen an den die Szene einleitenden Rahmen an; die drei Vertrauten, die geschlafen haben, sollen aufstehen und mit Jesus zu den übrigen Jüngern zurückgehen. Denn der Verräter ist schon da!

*

Jesu Erschütterung in der Erwartung seines Todes war der Überlieferung ein unanfechtbarer Ausdruck seiner Menschlichkeit. Der Hebräerbrief hat ausgelegt: „Denn wir haben nicht einen Hohenpriester, der unfähig ist, unsere Schwachheiten mitzuerleiden. Im Gegenteil: Die gleichen Versuchungen hat er erfahren wie wir, jedoch ohne Sünde ... Er hat in den Tagen seines irdischen Lebens mit lautem Schreien und unter Tränen Bitten und Gebete vor Gott gebracht, der ihn allein vom Tode zu erretten vermochte: Und er ist erhört und von seiner Angst befreit worden. Obwohl er Gottes Sohn war, hat er in der Schule des Leidens zu gehorchen gelernt. So ist er nach seiner Vollendung für alle, die ihm gehorchen, zum Urheber ewigen Heiles geworden" (4,15; 5,7–9).

Diese Auslegung liegt genau auf der Linie der theologischen Anthropologie der Gebetsmahnung Jesu. Die alttestamentlich-jüdische Überlieferung kennt seit Jes 31,3 den Gegensatz zwischen „Geist" und „Fleisch", aber nicht als Gegensatz innerhalb des Menschen. Der „willige Geist" (Ps 51,14) ist Gottes dem Menschen verliehener Geist, welcher im Gehorsam des Menschen, der sich nicht den Begierden seines „schwachen Fleisches", seinen eigensüchtigen Vitalinteressen ausliefert, sondern an den Willen Gottes bindet, zum Zuge kommt und in der Sammlung des Gebetes, des Glaubens, des rest-losen Vertrauens auf Gott, die Allmacht des Geistes Gottes, die Rettung des Menschen möglich macht. Jesu theologische Anthropologie interpretiert den Entscheidungscharakter menschlichen Lebens nicht autonom; vielmehr stellt sie die Angewiesenheit des Menschen auf Gott heraus. Jesus hat die gleichen Versuchungen erfahren, die alle Menschen erfahren: die Versuchung autonomer Interpretation ihrer Existenz, die Versuchung durch die Vitalinteressen; insofern war er fähig, unsere Schwachheiten mitzuerleiden. Aber er blieb ohne Sünde, d.h. sein „williger Geist" ließ sich nicht ungehorsam von der ungeteilten Orientierung an Gottes Willen abbringen. Er zweifelte nicht an Gottes Führung und rief selbst aus der Gottverlassenheit des Todes zu Gott (vgl. Mk 15,34).

Urheber ewigen Heiles ist Jesus geworden, weil er in der Schule des Leidens den Gehorsam bewährte, weil es ihm nie um ihn selbst, sondern immer um Gottes Herrschaft ging. Das ewige Heil hat er durch seinen Glauben, sein ungeteilt Gott gehöriges Leben in diese Welt gebracht: als ewiges Leben, an dem alle, die ihm gehorchen, sich in die ungeteilte Existenz gehorsamen Glaubens rufen und führen lassen, Anteil gewinnen können in „Wachsamkeit und Gebet". Wachen und Beten sind im Horizont der theologischen Anthropologie Jesu freilich nicht vereinzelte fromme Aktionen, sondern die durchgängig wache Orientierung am Willen Gottes, die in der christlichen Gemeinde in der *oratio continua* täglich gemeinsamen Lebens wachgehalten werden muß.

IX. 27: Mk 14,43–52

Judas muß sich auf dem Weg vom Abendmahlssaal zum Garten Getsemani, noch in der Stadt, von Jesus und seinen Jüngern entfernt haben, zu den Hohenpriestern gegangen sein und von ihnen mit der mit Schwertern und Knüppeln bewaffneten Schar ausgerüstet worden sein. Vielleicht hatte Judas schon zuvor vereinbart, er werde versuchen, Jesus in der Paschanacht, in der eine heimliche Verhaftung Jesu kein größeres Aufsehen erregen konnte, auszuliefern. Vielleicht hatten die Jerusalemer Führer auf alle Fälle eine Verhaftungstruppe in Bereitschaft gehalten, so daß Judas mit ihr nicht allzu lange nach der Ankunft Jesu im Landgut Getsemani eintreffen konnte. Mit der erneuten Nennung der drei das Synedrion repräsentierenden Gruppen der Hohenpriester, Schriftgelehrten und Ältesten signalisieren die Erzähler die Übermacht der gegen Jesus agierenden jüdischen Führung.

Judas mußte die bewaffnete Schar anführen, weil die Häscher selbst den galiläischen Propheten kaum kannten und von seinen Jüngern unterscheiden konnten, zumal im nächtlichen Dunkel am Abhang des Ölbergs nicht. Die Erzähler haben aus der Begrüßung Jesu durch Judas mit der Anrede „Rabbi" und dem verräterischen Kuß erschlossen, daß Judas mit seiner Truppe ein Zeichen verabredet hatte, das eine rasche Identifikation Jesu, seine Ergreifung und sichere Abführung ermöglichen sollte. Bei der Verhaftung Jesu muß es jedoch zu einem Handgemenge gekommen sein, denn die Urgemeinde überliefert, einer der Dabeistehenden, d.h. einer aus der Schar der Häscher, habe zum Schwert gegriffen, unglücklicherweise aber den Knecht des Hohenpriesters getroffen und ihm ein Ohr abgeschlagen. Erst in den späteren Evangelien wird aus dem Angreifer ein Verteidiger Jesu, ein Jünger, schließlich Petrus.

Nach seiner Verhaftung nimmt Jesus zum Vorgang Stellung: Wie gegen einen Räuber oder (bewaffneten) Banditen sind sie mit Schwertern und Knüppeln ausgezogen, um ihn, den unbewaffnet friedlichen Lehrer, zu verhaften. Auch dieser Protest setzt voraus, daß kein Jünger Jesu mit dem Schwert Gegenwehr geleistet hat. Jesu friedliches Wirken, welches das Licht der Öffentlichkeit nicht zu scheuen brauchte, seine tägliche Lehre im Tempel, wird mit der gewaltsamen, heimtückischen Verhaftungsaktion in der Nacht kontrastiert. Obwohl Jesus täglich im Tempel (wo Waffen verboten waren) lehrte, haben die Häscher ihn nicht ergriffen, ihre Auftraggeber nicht gewagt, ihn verhaften zu lassen, aber nun wie einen Räuber in der Nacht mit Hilfe von Waffen. Jesus wurde nicht in der öffentlichen Disputation im Tempel überwunden, sondern im Schutz der Nacht durch eine gewaltsame Polizeiaktion.

Doch nach Jesu Wort sollen gerade in diesem Geschehen die Schriften erfüllt werden, die im vorhinein das Verhalten der Feinde des Gerechten charakterisiert haben: ihre Gewalttätigkeit und Hinterlist; vgl. z. B. Ps 37, 14: „Die Frevler zücken das Schwert"; Ps 71, 11: „Verfolgt und ergreift ihn!"

Nicht nur die Prophetien der Schrift, auch Jesu eigene Prophetie geht in Erfüllung: Alle Jünger verlassen den Meister und fliehen. Knapp, kommentarlos ist das Mk 14, 27 angesagte Versagen der Jünger beschrieben.

In einer letzten Episode wird von einem jungen Mann erzählt, der vermutlich als Schaulustiger zufällig in das Geschehen verwickelt wurde, wie die Beschreibung seiner hastig umgeworfenen, notdürftigen Bekleidung verrät. Er wollte wohl neugierig dem Verhaftungstrupp folgen, der freilich keine unliebsamen Zeugen brauchen konnte und den Versuch machte, den Jüngling zu ergreifen. Doch konnte dieser unter Zurücklassen seines Hemdes entfliehen.

*

Die Szene von der Verhaftung Jesu ist ein nüchterner Bericht, der nur durch den Hinweis auf die Schifterfüllung theologisch gedeutet ist. Jesus scheint nach dem Weggang des Judas seine Häscher im Garten Getsemani erwartet zu haben. Überlegungen, warum Jesus etwa, nachdem Judas' Weggang bemerkt war, sich nicht durch Flucht dem Zugriff der Häscher entzogen habe, können nicht nur mit dem Hinweis auf seine Frömmigkeit – er bleibt den Festvorschriften gemäß im erweiterten Stadtgebiet Jerusalems – beantwortet werden; sie rühren an das Geheimnis seiner Leidensbereitschaft. Hatte Jesus den ihm drohenden Tod als Sühnetod vorweg gedeutet (Mk 14, 22–25), so wäre Flucht Verrat an seiner göttlichen Sendung und seiner Bestimmung durch den Willen des Vaters (Mk 14,36) gewesen.

Daß es, seit dem Judasverrat am Mittwoch der Passionswoche bereits geplant, oder durch die günstige Gelegenheit in der Paschanacht vom Donnerstag auf den Freitag überraschend, gelungen war, Jesus *in der Paschanacht* verhaften zu lassen, ist die entscheidende Voraussetzung zur Würdigung des folgenden Prozesses Jesu, die sorgfältiger historisch-politischer Erörterung bedarf. Sofern 1. nicht bezweifelt werden kann, daß der jüdischen Behörde an der raschen Verhaftung des als gefährlich erachteten Nazareners sehr gelegen war, 2. außer Frage steht, daß Jesu Anhang im Volk, unter den Massen der Festpilger in Jerusalem, zu größter Vorsicht und strikter Geheimhaltung nötigte, und 3. der Verhaftungstermin in der Paschanacht durch den günstigen Judasverrat diktiert war, hatte sich die jüdische Behörde *nolens volens* in „Zugzwang" gebracht. Nach Ablauf der Paschanacht, am ersten Paschafesttag konnte das Synedrion einmal der gesetzlichen Bestimmung wegen, die am hohen Festtag keine Einberufung des obersten Gerichts erlaubte, zum anderen auch wohl mit Rücksicht auf die Anhängerschaft Jesu, die von einer öffentlichen Verhandlung gegen Jesus alsbald Kenntnis erhalten hätte, keine Gerichtssitzung abhalten; hätte man Jesu Verhaftung geheimhalten wollen, was angesichts der geflohenen Zeugen, der Jünger Jesu, illusorisch gewesen wäre, so hätten sich für den auf den ersten Paschafesttag folgenden Sabbat dieselben bzw. noch größere Schwierigkeiten ergeben. Eine ungesetzliche Gerichtssitzung am Paschafesttag oder am Sabbat, aber ebenso eine gesetzliche Sitzung am ersten Wochentag mußte von der Behörde ausgeschlossen werden, sofern ihre Furcht vor einem Aufruhr der Sympathisanten Jesu (14,2) begründet war und, wie die Verhaftung selbst zeigt, ihren Aktionsspielraum bestimmte. Wenn Sitzungen am Freitag und am Sabbat gesetzlich ausgeschlossen und höchst inopportun waren, eine Sitzung am Sonntag ebenfalls gegen jede politische Vernunft verstieß, weil so lange auf keinen

Fall Jesu Verhaftung hätte verheimlicht werden können, gewinnt die Überlieferung, die von einer vermutlich kurzfristig einberufenen Nachtsitzung des Synedrions im Hause des Hohenpriesters spricht, an historisch-politischer Plausibilität und Glaubwürdigkeit. Die jüdische Behörde konnte in ihrer besonderen Lage nach der Verhaftung Jesu in der Paschanacht – ob gesetzlich oder ungesetzlich – nur sofort handeln, gegen Jesus verhandeln.

X.28: Mk 14,53–54

Jesu Häscher führen ihn ab zum Hohenpriester, der jetzt als entscheidender Auftraggeber des Judas und der bewaffneten Truppe hervortritt. Der Name des Hohenpriesters wird nicht genannt (vgl. oben S. 84f); es war Kajafas, dessen diplomatische und politische Wendigkeit an der Tatsache abzulesen ist, daß er sich unter den römischen Präfekten 19 Jahre im Amt zu halten vermochte, länger als alle anderen Hohenpriester im 1. Jahrhundert. Die Versammlung des „ganzen Synedrions" (vgl. V 55) wird mit dem betonten „alle" vor der Aufzählung der drei Gruppen des Hohen Rates angedeutet. Die Erzähler verstehen die Versammlung der mächtigen Gegner Jesu wohl im Lichte der Überlieferungen vom leidenden Gerechten: „Sie tun sich gegen mich zusammen, sie sinnen darauf, mir das Leben zu rauben" (Ps 31, 14).

Petrus ist Jesus nachgefolgt, aber nur „von weitem", weil er sonst wohl auch verhaftet worden wäre. Wie die Verleugnungsszene zeigt, weiß Petrus sich im Hof des hohenpriesterlichen Palastes auch nur als Unbekannter sicher. Daß sich die Nachfolge des Petrus, der nach Mk 14, 31 beteuert hatte, mit Jesus sterben zu wollen, so weit, „bis hinein in den Palast des Hohenpriesters" erstreckte, ist hervorgehoben. Im Innenhof des Palastes scheint sich Petrus unauffällig unter die Bediensteten der Mitglieder des Hohen Rates gemischt zu haben, die ihre Herren wohl in der Nacht zum Palast des Hohenpriesters geleitet hatten, jetzt warteten und sich in der kühlen Frühlingsnacht an einem Feuer wärmten.

*

Das Synedrion verhandelt in der Paschanacht gegen Jesus nicht in seinem gewöhnlichen Versammlungsraum, dem Rathaus in der Oberstadt, sondern in außerordentlicher Sitzung (und wahrscheinlich in einem Ausnahmeverfahren) im Palast des Hohenpriesters. Daß es dem Hohenpriester nicht möglich gewesen sei, in der Paschanacht genügend Synedristen in seinem Palast zu einer außerordentlichen Sitzung zu versammeln, ist um so weniger anzunehmen, wenn der Eventualfall eines außerordentlichen Verfahrens gegen Jesus bereits seit dem Judasverrat am Mittwoch (Mk 14, 1f.10f) ins Auge gefaßt war. Überdies ist damit zu rechnen, daß der Hohepriester die Zeit zwischen dem Abmarsch des Verhaftungskommandos mit Judas und dessen Rückkehr mit dem Gefangenen zur Einberufung der Synedristen nutzen konnte und genutzt hat, sofern ihm am Abschluß einer Verhandlung in der Morgenfrühe gelegen sein mußte, in der der römische Präfekt zu Gericht zu sitzen pflegte, was an diesem Tag schon wegen der anstehenden Amnestieverhandlung (Mk 15,6ff) sicher erwartbar war. Überdies kann auch nicht ausgeschlossen werden, daß der Hohepriester schon vorher wegen eines Prozesses gegen Jesus Kontakt aufgenommen hatte.

X. 29: Mk 14,55–65

Die Hohenpriester sind angesichts der Kritik Jesu am Tempel verständlicherweise die führende und die Sache gegen Jesus vorantreibende Partei im Hohen Rat. Das Synedrion war der jüdische Senat in der heiligen Stadt Israels; es bestand wahrscheinlich aus 71 Mitgliedern, den Vorsitz führte der Hohepriester, in dessen Hand die Leitung des Volkes der Juden lag. Zur Beschlußfähigkeit des Synedrions genügten 23 Mitglieder.

Das „ganze Synedrion", so erzählt die Urgemeinde und meint wohl: die beschlußfähige Versammlung, war mit den Hohenpriestern einig im Bestreben, Jesus dem Tode zu überliefern; die Erzähler sehen im Horizont der Traditionen vom leidenden Gerechten die „Einwütigkeit" der Feinde des Gerechten am Werk: „Der Frevler belauert den Gerechten und sucht ihn zu Tode zu bringen" (Ps 37, 32); „Die mir nach dem Leben trachten, legen mir Schlingen; die mein Unheil suchen, planen Verderbnis; den ganzen Tag haben sie Arglist im Sinn" (Ps 38, 13).

Um Jesus zum Tode verurteilen zu können, bedarf es eines Zeugnisses gegen ihn, einer gerichtlichen Zeugenaussage gegen ihn als Beweisgrundlage eines Urteils. Solch ein Zeugnis wird gesucht, aber nicht gefunden. Die Urgemeinde erklärt dies damit, daß viele Falschzeugen auftraten, aber nicht übereinstimmend aussagten. Mit dem Stichwort „falsch bezeugen" ist das Verhalten der Zeugen als ein Verstoß gegen den Dekalog (vgl. Ex 20, 16; Dtn 5, 20) bewertet, die Gegner Jesu sind erneut als „Frevler" gekennzeichnet, die gegen den Gerechten auftreten (vgl. Ps 27, 12; 31, 19; 35, 11; 37, 12; 109, 2) und Lüge reden (Ps 5, 7; 58, 4; 36, 12; 101, 7). Nach Spr 6, 17 gehören „eine falsche Zunge" und „Hände, die unschuldiges Blut vergießen", zusammen.

Beachtung verdient, daß dem Hohen Rat nicht unterstellt wird, er habe sich auf die widersprüchlichen Zeugenaussagen eingelassen; vielmehr scheint vorausgesetzt, daß die Prozeßordnung, die nur übereinstimmende Zeugnisse gelten läßt, gewahrt wird. Von den vielen Falschzeugen werden „einige" unterschieden, deren Zeugnis zitiert wird; auch sie sind als Feinde des Gerechten gezeichnet, die sich „gegen ihn erheben" (vgl. Ps 35, 11: „Da treten ruchlose Zeugen auf; man wirft mir Dinge vor, von denen ich nichts weiß"). Die Behauptung „Wir haben ihn sagen hören" wie das angebliche Jesus-Zitat werden von der Urgemeinde als gefälscht bezeichnet. Obwohl nur ein angebliches Jesuswort mitgeteilt wird, wird gesagt, die Zeugen hätten kein gleichlautendes Zeugnis vorgebracht. Gemeint ist wohl, daß von den Zeugen verschiedene Versionen zitiert wurden. Der Hohepriester geht mit der Messiasfrage zwar auf ihr Zeugnis ein, benutzt es aber nicht als Beweismittel für Jesu Verurteilung;

denn im jüdischen Prozeßverfahren mußten die Zeugen ihre Erklärungen einzeln, mündlich, in Gegenwart des Richters und des Beschuldigten abgeben, und ihre Aussagen waren wertlos, wenn sie auch nur in der geringfügigsten Nebensache voneinander abwichen. Der Angeklagte genoß also einen hohen Schutz.

Das als gefälscht angesehene Jesuswort unterstellt Jesus die Anmaßung tempelfeindlicher Autorität, bezeichnet Jesus indirekt als Falsch-Messias, der den Tempel für so unwürdiges Menschenwerk hält, daß er abgerissen werden müsse, damit an seiner Stelle binnen kurzer Frist ein anderer auf wunderbare Weise gebaut werden könne. Nach jüdischer Erwartung soll der Messias den neuen Tempel nach der Zerstörung des alten durch Israels Feinde errichten. Daß der Messias den bestehenden Tempel abreißen werde, ist auch in tempelkritischen Traditionen nie gesagt. Jesus wird also – wohl in einer Verdrehung seiner Worte aus Mk 11,17; 13,1 – ein Attentat unterstellt, das die Hohenpriester in höchsten Alarm versetzen mußte.

Jesus war als Pseudo-Messias, der zweifelhafte Wundertaten ankündigte, beschuldigt, wenn auch nicht in gleichlautenden Zeugnissen. Der Hohepriester nimmt die Anschuldigung zum Anlaß einer Befragung Jesu; vorausgesetzt ist, daß Jesus die Falschzeugen schweigend angehört hat. Die Befragung des Angeklagten durch den Gerichtsvorsitzenden wird notwendig, nachdem die Einvernahme der Zeugen das gewünschte Resultat eines übereinstimmenden Belastungszeugnisses nicht erbracht hat; andernfalls hätte im jüdischen Kapitalprozeß die Schuldsprechung aufgrund der übereinstimmenden Belastung durch zwei Zeugen erfolgen können.

Die Befragung Jesu zielt auf eine Stellungnahme zu der erhobenen Beschuldigung der Planung eines pseudomessianischen Angriffs gegen den Tempel. Wenn Jesus bestätigen würde, was die Zeugen – wenn auch nicht im Wortlaut übereinstimmend – gegen ihn aussagten, dann wäre der Mangel an Übereinstimmung unter den Zeugen wettgemacht und ein fester Anhaltspunkt für die Verurteilung gegeben, dann bedurfte es der Zeugen nicht mehr. Doch Jesus antwortete nicht; die zusätzliche Bemerkung über sein Schweigen dient erneut der Zeichnung Jesu als des unschuldig leidenden Gerechten: „Ich bin wie ein Tauber, der nicht hört, wie ein Stummer, der den Mund nicht auftut. Ich bin wie einer, der nicht mehr hören kann, aus dessen Mund keine Entgegnung kommt" (Ps 38, 14f); „Ich bin verstummt, ich tue den Mund nicht mehr auf" (Ps 39, 10); „Er wurde geplagt und niedergedrückt, aber er tat seinen Mund nicht auf. Wie ein Lamm, das man wegführt, um es zu schlachten, und wie ein Schaf, das verstummt, wenn man es schert, so tat auch er seinen Mund nicht auf" (Jes 53, 7). Das Schweigen des Gerechten hebt sich von den leidenschaftlichen Anklagen seiner Feinde ab.

Die erneute Frage des Hohenpriesters wird als besonders gewichtig vorgestellt; sie artikuliert den Anspruch, zu dem Jesus keine Stellung genommen hatte: „*Du* bist der Messias?" „Der Sohn des Gepriesenen" ist nach zeitgenössischer, jüngst durch Texte aus Qumran zugänglicher Messianologie der (davidische) endzeitliche Messiaskönig.

Jesus bekennt sich in seiner Antwort als Messias, aber (vgl. Mk 12, 35–37; VI. 16) in einem anderen Sinn und Erwartungshorizont: als Menschensohn. Jesus richtet an die Gerichtsversammlung ein Drohwort, er sagt seinen Richtern das Gericht durch ihn, den Menschensohn, an. Vorausgesetzt ist die Erhöhung des Menschensohnes zur Rechten Gottes nach seinem Tod (vgl. Mk 14, 25). Mit der Umschreibung Gottes durch die „Kraft" ist der von den vielen Ersatznamen Gottes gewählt, der die Vollmacht des zur Rechten Sitzenden besonders hervorhebt. In Erwartung seiner Verurteilung spricht Jesus die Gewißheit seiner Rechtfertigung durch Gott und der Widerlegung seiner Richter durch ihn selbst als den eschatologischen Richter, den Menschensohn, in einer Kombination von Ps 110, 1 und Dan 7, 13 aus.

Die Reaktion des Hohenpriesters verdeutlicht zeichenhaft seine Feststellung: Er wertet Jesu Aussage als Blasphemie. Das Zerreißen der Kleider ist beim Hören einer Gotteslästerung vorgeschrieben. Nach Auffassung des Hohenpriesters bedarf es angesichts des Kapitalverbrechens der Lästerung, deren Zeugen alle Ratsmitglieder wurden, keiner Zeugen mehr. Das Gericht ist jetzt in der Lage, ein Urteil zu sprechen, wozu der Hohepriester die Versammlung auffordert. Der ganze Rat stimmt dem Urteil des Hohenpriesters, daß Jesus Gott gelästert habe – wohl, da er Gottes Gerichtsvollmacht für sich reklamiere –, zu und verurteilt Jesus, er sei des Todes schuldig. Doch wird kein Todesvollstreckungsurteil gefällt, sondern das Anklagematerial für einen Anklagebeschluß vor dem römischen Präfekten erhoben, von dem Jesu Hinrichtung gefordert werden soll.

Die abschließende Szene berichtet von der Mißhandlung und Verspottung Jesu durch einige Mitglieder des Hohen Rates und die Gerichtsdiener. Anspeien ist Ausdruck der Verachtung. Jesu Verhöhnung als Prophet in einer Art „Blindekuhspiel", in der er mit verbundenen Augen oder mit einem übergeworfenen Gewandstück „wahrsagen" soll, wer ihn schlug, ist unter den frivolen Spielen, welche die Antike mit Gefangenen trieb, ohne Vorbild und Parallele. Jesu Anspruch wird zum Anlaß des Spottes genommen. Das „Evangelium der Urgemeinde", das an Jes 50,6 erinnert, charakterisiert Jesus als den leidenden Menschensohn. Die Gerichtsdiener, die Jesus mit Schlägen in Empfang nehmen, sollen ihn bis zur Überstellung zu Pilatus bewahren, während das Synedrion den Anklagebeschluß ausfertigt.

*

Im Kontext der Passionsgeschichte ist ein Kulminationspunkt der Präsentation Jesu als des unschuldig leidenden Gerechten, des leidenden Menschensohnes erreicht. Im Horizont ihrer Menschensohnchristologie bekennt sich Jesus als „Sohn Gottes". *Dieser* ist der Verurteilte! Angeblich hat der „Sohn Gottes" Gott gelästert! Die Kontroverse um die Autorität Jesu hat ihren Höhepunkt gefunden. Worüber entscheidet das Gericht eigentlich?

Bemerkenswert ist, daß die Urgemeinde die Prozeßführung des Hohenpriesters – im Unterschied zu den Vorwürfen gegen die Zeugen – nicht als rechtswidrig kritisiert. Auch kann der stark von alttestamentlichen Texten her gedeutete Bericht nicht schon deshalb in seiner Glaubwürdigkeit angezweifelt werden, weil von jetzt an die Tradenten der Passion Jesu, vorzüglich seine Jünger, als Zeugen des Geschehens ausscheiden. Möglichkeiten verschiedener Art, zuverlässige Informationen zu erhalten, dürften existiert haben und wahrgenommen worden sein. Besondere Beachtung verdient, daß unser Bericht das Verfahren des jüdischen Prozesses, das auf der Zeugeneinvernahme basiert, zutreffend beschreibt.

Daß von Entlastungszeugen nicht gesprochen wird, die zunächst hätten zu Wort kommen müssen, kann damit zusammenhängen, daß das außerordentliche Verfahren deren Ladung nicht erlaubte, zumal wenn erneut die Furcht der jüdischen Führung vor einem Volksaufruhr in Rechnung gestellt wird. Daß Belastungszeugen noch in der Nacht beigebracht werden konnten, ist hingegen wahrscheinlich; denn schon bei ihrem Plan, Jesus verhaften zu lassen, mußte sich die Behörde der nötigen Zeugen versichern. Daß die Zeugen sich wegen mangelnder Übereinstimmung als unbrauchbar erwiesen, spricht allerdings eher gegen als für eine genaue, vorgeplante Regie, mit der sich die Richter gegen die Bestimmung, daß sie keine Belastungszeugen suchen sollen (Sanh XI, 6), vergangen hätten.

Daß die Beschuldigung mit dem Tempelwort überliefert wird, erklärt sich wohl aus deren zentraler Rolle und den Angeklagten belastender Bedeutung. Daß selbst bei dieser Anklage die Zeugen differierten und so ihr Zeugnis entwerteten, spricht noch deutlicher gegen die Annahme eines gesteuerten Verfahrens. Erst die direkte Befragung des Angeklagten durch den Hohenpriester, die Antwort Jesu und deren Wertung durch das Synedrion als Blasphemie führt zur Verurteilung Jesu.

Wir haben keinen Anlaß, gegen das Schweigen der Urgemeinde das jüdische Verfahren gegen Jesus als ungesetzlich, unrechtmäßig zu kritisieren. Formal wurde das Recht gewahrt.

Aber, ließ sich über Jesu Anspruch, der Messias und Menschensohn zu sein, mit dem Urteil der Gotteslästerung richten? Mit Jesu Drohwort war den Richtern die Frage nach Glaube und Umkehr gestellt, die Autorität des Menschensohnes gegen die Autorität des Gesetzes behauptet. Entschieden wurde über den Glauben Israels.

In den Augen der Urgemeinde stand mit Jesus, dem Menschensohn, der Gerichtsbevollmächtigte Gottes vor Richtern, die vermeintlich im Namen Gottes über ihn zu Gericht saßen, in Wahrheit aber sich selbst richteten. Die Urgemeinde konnte so urteilen, ohne ihre Zeitgenossen zu verurteilen, weil sie sich selbst unter das Gericht des Menschensohnes gestellt hatte.

X. 30: Mk 14, 66–72

Während Jesus sich als Messias bekennt, verleugnet ihn Petrus, der sich im Namen der Jünger zu ihm bekannt hatte (vgl. Mk 8, 29). Während Jesus im Palast des Hohenpriesters verhört wurde, hielt sich Petrus unten im Innenhof unter den Dienern der Synedristen beim wärmenden Feuer auf. Eine Magd erkennt ihn als Jünger Jesu, als jemanden, der mit dem Nazarener zusammen war. Petrus leugnet, indem er „sich dumm stellt" und vorgibt, nicht zu verstehen, wovon die Magd redet. Jedoch seinem Wort entspricht nicht sein Verhalten; daß er in die Vorhalle hinausgeht, deutet ängstliche Unsicherheit an. Zugleich wird die Distanzierung von Jesus räumlich übersetzt. Die textkritisch nicht sichere Erwähnung des ersten Hahnenschreis erhöht nach Jesu Vorhersage (Mk 14, 30) die Spannung auf das weitere Geschehen. Daß Petrus den Hahnenschrei (etwa gegen 3 Uhr morgens) wahrgenommen habe, ist nicht gesagt; die Erzähler psychologisieren nicht, sie nehmen dem verhängnisvollen Geschehensverlauf nichts von seiner folgerichtigen Zwangshaftigkeit.

In der Vorhalle wiederholt sich der Dialog mit der Magd, der allerdings nur verkürzt wiedergegeben wird. Die Bedrohung wächst für Petrus, da die Magd nun einen unbestimmt gelassenen Kreis von Umstehenden darüber informiert, daß er „einer von ihnen", den Anhängern des Nazareners Jesus sei. Petrus leugnet erneut.

Nach einiger Zeit, wohl nachdem sich die von der Magd informierten Umstehenden über den von der Magd behaupteten und von Petrus abgeleugneten Sachverhalt ein eigenes Urteil gebildet haben, reden sie Petrus an und bekräftigen und begründen die Aussage der Magd. Sie haben gemerkt, daß Petrus ein Galiläer ist, was in ihren Augen seine Zugehörigkeit zum Jüngerkreis des Galiläers Jesus wahrscheinlich macht. Mit dem Ausdruck „Galiläer" konnte man auch als politischer Rebell verdächtigt werden; die heftige Reaktion des Petrus könnte sich auch darauf beziehen. Er leugnet mit Selbstverfluchung und Schwur, „jenen Menschen, den ihr meint", wie ganz distanziert formuliert ist, zu kennen.

Der zweite Hahnenschrei leitet das Finale der dramatischen Erzählung ein; die Nacht der Verhaftung Jesu geht zu Ende. Petrus, der gerade leugnete, Jesus zu kennen, erinnert sich an Jesu Wort bzw. die ganze Situation, als Jesus die Verleugnung vorhersagte und der Jünger sich bereit erklärte, mit Jesus sterben zu wollen. Er beginnt zu weinen; vorausgesetzt ist sein Weggang vom Palast des Hohenpriesters.

*

Die Nachfolge Jesu endet für Petrus während der Passion des Meisters. Aber des Jüngers Fall ist als Folge des Schlags gegen den Meister von Jesus vorhergesagt (14,27) und in das Licht seiner Verheißung von der neuen Sammlung der zerstreuten Schafe nach seiner Auferweckung getaucht (14,28).

Wieder ist das Versagen des Petrus, des Leiters der Urgemeinde, nicht beschönigt. Hätte der Jünger nicht in der

Verhandlung gegen Jesus als Entlastungszeuge auftreten können und sollen? Das Interesse für das Geschick des Meisters trieb ihn bis in den Palast des Hohenpriesters, jedoch in der bedrohlichen Situation wurde er schon angesichts einer Magd, einiger Umstehender, angesichts von Randfiguren des Geschehens schwach. Es ist verständlich, daß die Erzählung von der Verleugnung des Petrus in der weiteren kirchlichen Überlieferung immer wieder im Horizont der Diskussionen über das Verhalten der Christen in Verfolgungszeiten auftaucht. In der Verfolgung ist der Jüngerstand besonders betroffen, die Zugehörigkeit zu Jesus. Plinius (Ep 10, 96, 3) beschreibt zu Beginn des zweiten Jahrhunderts das Verfahren der römischen Behörden gegen die Christen. „Ich fragte sie, ob sie Christen sind, und wenn sie bekannten, fragte ich sie ein zweites und drittes Mal unter Strafandrohungen." Petrus wurde zum Prototyp der in der Verfolgung Schwachen, der *lapsi*, die aufgrund ihrer Reue aber rekonziliiert werden können. Der reuige Petrus ist Vorbild, mehr aber noch „Jesus Christus, der das gute Bekenntnis vor Pontius Pilatus abgelegt hat" (1 Tim 6, 13).

XI. 31: Mk 15,1–5

Die noch in der Paschanacht begonnene Synedrialverhandlung gegen Jesus kommt im Morgengrauen zum Abschluß. Das Synedrion mit allen seinen Fraktionen hat einen Anklagebeschluß, gewiß mit einer wohlerwogenen, auf den römischen Präfekten und sein Gericht berechneten Anklage, ausgefertigt und läßt Jesus gefesselt zu Pilatus abführen, ihn ausliefern. Pilatus wird von Philo von Alexandrien (Legatio ad Gaium 38 § 303) als wenig judenfreundlich charakterisiert: „Er war nicht gewillt, irgend etwas zu tun, was seinen jüdischen Untertanen gefallen hätte."

Daß Pilatus schon in der Morgenfrühe zu Gericht sitzt, entspricht römischer Prozeßtradition. Im Unterschied zum jüdischen Verfahren des Zeugenverhörs sah das römische Gerichtsverfahren eine eingehende Befragung des Angeklagten vor, für römische Bürger nach geregeltem Prozeßrecht (Akkusationsverfahren), für Nichtrömer, besonders in den Provinzen, in einem vereinfachten Kognitionsverfahren. Die Frage des Pilatus wiederholt in heidnischer Formulierung *(interpretatio romana)* die Frage des Hohenpriesters aus Mk 14,61. Jesus ist also dem Präfekten unter der Anklage, ein pseudomessianischer, politisch gefährlicher Königsprätendent zu sein, ausgeliefert worden. Er ist der politischen Rebellion beschuldigt. Pilatus gibt ihm Gelegenheit, sich zur Anklage zu äußern.

Jesu Antwort „*Du* sagst das?" erkundigt sich nach der Ernsthaftigkeit der Frage des Vertreters des römischen Kaisers; insofern kommt sie einer Verneinung der Anklage gleich: Wie kannst du mich, der ich gefesselt vor dir stehe, für „den König der Juden" halten? Pilatus spricht später (Mk 15,12) dann selbst distanziert von dem, „den ihr den König der Juden nennt".

Die Hohenpriester suchen nun ihre Anklage mit heftigen Beschuldigungen zu erhärten; nach ihrer Anhörung befragt Pilatus erneut Jesus und fordert ihn zu einer Stellungnahme auf. Vorausgesetzt ist, daß Jesus bisher zu den Anschuldigungen geschwiegen hat. Und Jesus schweigt weiter, was Pilatus verwundert.

Wieder ist Jesus als der leidende Gerechte vorgestellt, der angesichts der heftigen Anklagen seiner Feinde schweigt.

*

Im Anklagebeschluß haben die Synedristen die Anklage entgegen der eigenen Urteilsfindung vom religiösen auf das politische Feld verschoben. Der Anspruch, „der König der Juden" sein zu wollen, ist als Hochverrat zu werten. Es gibt keinen Grund für die Annahme, die jüdische Behörde hätte sich ein Todesurteil (auf Blasphemie stand Steinigung!) nur von Pilatus bestätigen und vollstrecken lassen wollen; vielmehr tritt sie bei Pilatus in einem eigenständigen, neuen Verfahren als Ankläger mit einer neuen Beschuldigung auf, die sie freilich erhärten konnte, da Jesus die Messias-Frage bejaht hatte, wenn auch nicht im Sinn des Fragestellers. Vor Pilatus bildet nicht der Blasphemievorwurf, der die Behörde allerdings in der jüdischen Öffentlichkeit rechtfertigen konnte, sondern der Messiasanspruch Jesu die Basis der Anklage. Die Synedristen konnten sich darauf berufen, daß der Messiasanspruch, wie die messianischen Prätendenten der damaligen Zeit auch beweisen, in der Regel königliche Ansprüche implizierte.

Da der Palast das Kajafas und die Residenz des Präfekten in unmittelbarer Nachbarschaft lagen, war es vermutlich leicht, ohne viel Aufsehen Kontakt mit Pilatus aufzunehmen und Jesus zu dessen morgendlicher Gerichtssitzung zu überstellen. Daß die Synedristen bzw. die Hohenpriester (Mk 15,3) als ihre Sprecher Pilatus das Verfahren gegen Jesus mit Hinweis auf akute Aufruhrgefahr als dringlich nahelegten, ist eine plausible Annahme, ebenso diejenige, daß Pilatus sich, zumal angesichts eines wohl erst kürzlich niedergeschlagenen Aufstandes (15,7), einem so dringlich gemachten Verfahren nicht entziehen konnte, gleichgültig, wie seine Beziehungen zur jüdischen Behörde sonst beschaffen sein mochten.

Die Schilderung des Pilatus-Prozesses spiegelt zutreffend das römische Kognitionsverfahren. Da Jesus die Hauptanklage zurückwies (Mk 15,2) und zu weiteren Beschuldigungen der Kläger (Mk 15,3) keine Stellung nahm (Mk 15,4f), dürfte die Beweiswürdigung für Pilatus schwierig gewesen sein. Doch ist nach Mk 15,6–15 die öffentliche Verhandlung gegen Jesus durch die mit ihrer Amnestieforderung eintreffende Menge unterbrochen worden. Zur Urteilsverkündigung des römischen Richters kam es nicht mehr.

XI. 32: Mk 15,6–15

Die Amnestieverhandlung mit der heraufziehenden Menge unterbricht die Verhandlung des Pilatus gegen Jesus. Die Erzähler erklären zunächst die neue Situation: Der Präfekt gibt an jedem Paschafest auf Bitten bzw. Verlangen der Jerusalemer Bevölkerung, die einen Amnestievorschlag macht, einen Gefangenen frei. Nun hat es kürzlich einen Aufstand gegeben, bei dem die Aufständischen einen Mord begingen. Die Aufrührer befinden sich beim Präfekten in Haft, unter ihnen ein Mann namens Barabbas. Auffällig ist, daß ihm nicht der Mord angelastet wird, vielmehr nur gesagt ist, daß Barabbas mit den Aufständischen inhaftiert war. Vielleicht war er unschuldig miteingekerkert worden und deshalb der Amnestiekandidat der Menge, die doch kaum gewagt hätte, von Pilatus einen Aufrührer freizubitten.

Während des Verhörs Jesu ist also eine Menge zur Residenz des Präfekten, die hochgelegen ist, hinaufgezogen. Sie beginnt mit ihrer Petition für Barabbas, ihren Kandidaten.

Vermutlich hat sie ihre Forderung in Sprechchören vorgetragen.

Pilatus macht einen Gegenvorschlag, nämlich den ihm als „König der Juden" ausgelieferten Jesus freizulassen; sein Vorschlag wird damit motiviert, er habe durchschaut, daß die Hohenpriester Jesus aus „Neid" ausgeliefert hätten. „Neid" meint freilich in der Sicht der Erzähler mehr als Mißgunst, eher eine tödliche Feindschaft, ein Laster, das zum Mord treibt, den Tod in die Welt bringt (vgl. Weish 2, 24). Der Neid entspringt der Rivalität und redet dem Neidischen zu, „den Beneideten umzubringen" (TestSim 3, 3).

Daß die Hohenpriester auf den gegen ihre Politik gerichteten Gegenvorschlag des Pilatus reagieren können, setzt ihre mit der vorangehenden Verhörszene gegebene Anwesenheit voraus. Die Hierarchen wiegeln die Menge auf und bestärken sie darin, an ihrem Amnestiekandidaten Barabbas festzuhalten. Nach den langen Bemühungen der Hohenpriester, Jesu habhaft zu werden (vgl. Mk 11, 18; 12, 12; 14, 1 f. 10 f), und angesichts ihres Eifers bei Jesu Verurteilung und Überstellung zu Pilatus ist ihr Bemühen, Jesu Freigabe zu verhindern, wohl verständlich.

Da Pilatus wieder das Wort nimmt, ist vorausgesetzt, daß die Menge ihre Forderung, Pilatus solle ihnen lieber den Barabbas freigeben, vorgebracht hat. Die Frage des Pilatus erscheint wie der Versuch, die Menge doch noch umzustimmen. Was Pilatus mit einem politischen Rebellen zu tun hätte, ist klar; aber er schiebt den Gebrauch des Königstitels für Jesus nun bewußt der Menge zu, er distanziert sich von der Anklage gegen Jesus, versucht aber, der Menge „den König der Juden" schmackhaft zu machen.

Doch die Menge, wohl von den Hohenpriestern angeleitet, sagt dem Präfekten nun, was er mit Jesus (statt mit Barabbas) tun soll: „Kreuzige ihn!"

Pilatus macht einen letzten Versuch, seinen Gegenvorschlag, Jesus statt Barabbas freizugeben, zu retten. Er fragt nach der Schuld Jesu: „Was hat er denn Böses getan?" Jesu Richter, der über seinen Tod entscheidet, wird als von seiner

Schuld nicht überzeugt vorgestellt. Jesus ist kein Übeltäter. Er ist der unschuldig leidende Gerechte (vgl. Ps 38,20f; 109,5; Jes 53,9).

Auf die neue Frage des Pilatus geht die Menge, die Barabbas frei sehen will, nicht mehr ein; sie wiederholt nur lauter den Schrei nach Jesu Kreuzigung.

Da Pilatus Jesus mit seinem Gegenvorschlag in die Paschaamnestie einbezogen hatte, hatte er die Anklage der Hohenpriester *de facto* anerkannt und konnte nun, nachdem die Menge auf der Freigabe des Barabbas bestand und sogar Jesu Kreuzigung forderte, nicht mehr zurück. Er gibt dem Verlangen der Menge statt, läßt Barabbas frei und liefert Jesus zur Kreuzigung aus. Der erste Akt im Vollzug dieser grausamen Todesstrafe war die Begleitstrafe der Geißelung, bei welcher der Delinquent entkleidet und ausgepeitscht wurde.

*

Eine Verurteilung Jesu durch Pilatus fand nicht mehr statt, nachdem der Präfekt mit seinem Anmestievorschlag ein Urteil vorweggenommen hatte: Nur ein „Schuldiger" konnte amnestiert werden. Die spätere Relativierung der Anklage und das erneute Aufwerfen der Schuldfrage haben im Zuge des Amnestieverfahrens nur mehr demagogischen, aber keinen juristischen Wert. Die christlichen Erzähler können mit diesen Zügen freilich um so deutlicher das Unrecht herausstellen, das Jesus, dem Unschuldigen, angetan wird.

Wer trägt die Hauptverantwortung für die Kreuzigung Jesu? Um diese Frage zu beantworten, sollten wir den Amnestiebericht (Mk 15,6–16) aus der möglichen Sicht der beteiligten Akteure durchdenken.

Die Menge, vorzustellen als eine (Jerusalemer?) Gruppe an der Freilassung des Barabbas Interessierter, die mit Jesus zum ersten Mal konfrontiert sein mochten, vielleicht noch gar nicht von ihm gehört hatten und jetzt nur durch die Hohenpriester über ihn informiert wurden, will Barabbas als

Amnestiekandidaten freigelassen haben. Vielleicht wollte sie sogar einen bei einem kürzlichen Aufruhr unschuldig Mitverhafteten und Eingekerkerten freibitten. Welche Motive die an der Freilassung des Barabbas Interessierten aber auch haben mochten, es dürfte den Hohenpriestern nicht schwergefallen sein, sie darin zu bestärken, an der Amnestierung des Barabbas festzuhalten, und sie zu überzeugen, daß Jesus als falscher Messiasprätendent, der vom Synedrion des Todes schuldig befunden worden sei, die Kreuzigung verdiene. Der Gruppe der an der Freilassung des Barabbas Interessierten, die auf keinen Fall mit den Festpilgern zu identifizieren sind, die Jesus beim Einzug nach Jerusalem ihre Ovationen bereiteten, besondere Böswilligkeit oder Nachgiebigkeit gegenüber den Hohenpriestern zu unterstellen, ist unangemessen. Ihr Interesse an Barabbas erklärt ihr Verhalten zureichend. Das verbreitete Bild einer verhetzten jüdischen Menge, die an Jesu Tod Schuld trägt, entspringt einer antijudaistischen Fehldeutung der ältesten Überlieferung.

Pilatus scheint von der Schuld Jesu nicht überzeugt gewesen zu sein, hat aber wahrscheinlich den mit den Aufständischen eingekerkerten Barabbas für einen gefährlichen Gefangenen gehalten, den in Gewahrsam zu halten politische Vernunft gebieten mochte. Wenn die Menge in Barabbas einen Unschuldigen, Pilatus in ihm einen gefährlichen Rebellen sah, erklärt sich der Verlauf der Amnestiediskussion leicht. Pilatus bietet der Gruppe, die Barabbas freibitten will, Jesus unter dem Anklagetitel „der König der Juden" zur Amnestie an, vermutlich in der Hoffnung, so Barabbas behalten und den nicht schuldig erachteten Jesus freigeben zu können. Jesu Einbeziehung in die Paschaamnestie, seine Vorstellung unter dem Titel „König der Juden", war aber implicite eine Anerkennung seiner Schuld, welche die Kreuzigung nach sich zog. Daß Pilatus ein vordringliches Interesse gehabt haben sollte, Jesus freizulassen statt Barabbas zu behalten, ist kaum denkbar; wenn er Jesus hätte freilassen wollen, so hätte er ihn freisprechen müssen. Der

Präfekt taktierte, um Barabbas behalten zu können; Jesus fiel seiner Taktik zum Opfer. Pilatus spielte politisch mit einem Angeklagten, aber nicht rechtskräftig Verurteilten und ließ den Angeklagten die Konsequenzen des glücklosen Spiels tragen.

Die Hauptverantwortung für Jesu Hinrichtung trägt *die jüdische Führung,* die Jesus ergreifen ließ, ihn in außerordentlicher Sitzung des Todes schuldig sprach und als Hochverräter dem Pilatus auslieferte. Daß die Behörde Jesus für religiös und politisch gefährlich hielt und im Rahmen ihres Auftrages handelte, sollte nicht leichtfertig angezweifelt werden. Eine Freilassung Jesu durch Pilatus mußten die Hohenpriester auf jeden Fall verhindern, wollten sie für die kommenden Festtage in Jerusalem Ruhe haben. Also mußten sie die Menge für ihre Belange einsetzen und Jesu Kreuzigung fordern lassen; sie konnten Pilatus aus der Falle, in die er selbst hineingegangen war, nicht herauslassen. Die akklamierende Menge übernahm in den Augen des Pilatus (und vielleicht der jüdischen Öffentlichkeit) mit Verantwortung für den Tod Jesu, was der Behörde nur recht sein konnte, zumal sie an der raschen Beendigung des Verfahrens und der alsbaldigen Hinrichtung Jesu durch die Römer, die sie selbst weiterer Querelen enthob, interessiert sein mußte. Als Pilatus dem Drängen der Menge nachgab und den Barabbas freiließ, konsequenterweise nun freilich auch Jesus zur Kreuzigung auslieferte, hatte die jüdische Behörde ihr Ziel erreicht, das sie seit Tagen anstrebte und nun in außergewöhnlicher Weise unter Zeitdruck hatte verfolgen müssen. Jesus war vom Hohen Rat eines religiösen Kapitalverbrechens überführt und vom römischen Präfekten als Hochverräter zur Kreuzigung ausgeliefert worden.

Jesu Gegner glaubten, über dem Fall Jesus von Nazaret die Akten schließen zu können. Die Urgemeinde rollte den Fall neu auf: „Der Gott Abrahams, Isaaks und Jakobs, der Gott unserer Väter hat seinen Knecht Jesus verherrlicht: den ihr ausgeliefert und vor Pilatus verleugnet habt. Pilatus erkannte auf Freispruch, doch ihr habt euch von dem Heiligen und Gerechten losgesagt und die Begnadigung eines Mörders erbeten, den Führer zum Leben hingegen habt ihr getötet: Gott aber hat ihn auferweckt! Dafür sind wir Zeugen!" (Apg 3,13–15).

XI.33: Mk 15,16–20a

Nach der Auspeitschung treiben die Soldaten ein derbes Possenspiel mit Jesus; sie führen ihn dazu ins Innere des Prokuratorenpalastes. Wohl hyperbolisch ist gesagt, daß die mit der Abführung Jesu beauftragten Soldaten die *ganze* Kohorte zusammenrufen; für Jesu Verspottung durch die Heiden soll ein dem jüdischen Forum analoges repräsentatives Forum aufgeboten werden.

Da sich die Verspottung an die Geißelung anschloß, brauchten die Erzähler das Ausziehen der Kleider nicht mehr zu erwähnen. Die Soldaten versehen Jesus mit den Surrogaten königlicher Insignien, einem Purpurmantel und einer Spottkrone, wohl einem Soldatenmantel und dem aus stachligem Unkraut geflochtenen Kranz.

Die huldigende Begrüßung des Spottkönigs gipfelt im Zuruf „König der Juden"; unter diesem Titel hatte der Präfekt Jesus der Menge vorgestellt, und die Soldaten nehmen ihn zum Anlaß der Verhöhnung des ihnen übergebenen Delinquenten. Die Verhöhnung geht dann in eine Mißhandlung über. Unter den Schlägen der Soldaten, die einen Rohrstock benutzten (der bei Mattäus zum Zepter, einer weiteren Königsinsignie, umfunktioniert wird), wird wohl auch der Dornenkranz zum Marterinstrument, da Jesu Haupt geschlagen wird. Anspeien ist ein Gestus der Verachtung, der wie die Schläge den Rahmen der Parodie sprengt. Die Verspottung gipfelt in der abschließenden kniefälligen Proskynese, der Königshuldigung.

Der Wechsel der Motive scheint den Mutwillen der Soldateska spiegeln zu sollen. Nach der Verspottung ziehen die Soldaten Jesus den Purpurmantel wieder aus und seine eigenen Kleider wieder an. Die Dornenkrone wird nicht mehr erwähnt. Jesus soll zur Kreuzigung abgeführt werden.

*

Die spontane Aktion der römischen Soldaten entzündet sich am Schuldtitel „König der Juden"; vielleicht waren die Soldaten durch Bühnenpossen für ihre „Aufführung" inspiriert. Einen vergleichbaren Vorgang erzählt Philo von Alexandrien (In Flaccum 6 § 36–39); im Jahre 41 n. Chr. wurde der jüdische König Agrippa I. in Alexandria mittels eines „Strohmannes", eines Schwachsinnigen namens Karabas, verspottet: „Sie nahmen den unglücklichen Menschen mit ins Gymnasium und stellten ihn auf einen erhöhten Platz, wo er allen sichtbar war; sie stülpen ihm ein Blütenbüschel von Papyrus als Krone auf den Kopf und umhüllen seinen Körper mit einer Matte als Mantel; anstatt eines Zepters gibt ihm einer ein kurzes Stück einheimischen Papyrus, das er am Wegrand gesehen und abgerissen hatte. Und als er nun wie bei Bühnenpossen die Zeichen der Herrschaft trug und zum König geschmückt war, stellten sich junge Leute mit Stöcken auf den Schultern wie Lanzenträger rechts und links als Leibwache auf. Dann traten andere vor ihn hin, teils als wollten sie ihn begrüßen, teils wie um einen Prozeß zu führen, teils als suchten sie in öffentlichen Angelegenheiten seinen Rat. Dann brach die ringsum stehende Menge in ein unsinniges Geschrei aus: ›Marin‹, riefen sie – so wird angeblich bei den Syrern der Herrscher genannt; denn sie wußten, daß Agrippa ein Syrer war und über einen großen Teil Syriens herrschte."

Freilich spielen die Soldaten des Pilatus nicht nur Theater, sie mißhandeln ihren Gefangenen.

XII. 34: Mk 15,20b–24

Nach der Verspottung führen die Soldaten Jesus aus dem Prätorium, dem Palast des Präfekten, und aus der Stadt hinaus; nach jüdischem und römischem Recht mußten Exekutionen außerhalb der ummauerten Stadt vorgenommen werden. In der Regel hatte der zur Kreuzigung Verurteilte das Querholz (patibulum) selbst zur Hinrichtungsstätte zu tragen. Daß die römischen Soldaten von ihrem Besatzungsrecht der *angaria,* der Inanspruchnahme von Diensten der Bevölkerung, Gebrauch machen und einen Passanten zwingen, Jesu Kreuz zu tragen, wird mit Jesu Schwächung durch die vorausgegangenen Mißhandlungen (Geißelung, Schläge bei der Verhöhnung) zu erklären sein.

Die Erzähler des „Evangeliums der Urgemeinde" haben den Namen des Passanten und seiner Söhne festgehalten; es handelt sich um einen Kyrener Simon und seine beiden Söhne Alexander und Rufus. Die Notiz, daß Simon gerade vom Feld kam, ist ein bemerkenswertes Detail der gewiß historischen Nachricht über Jesu Kreuzträger. Sie läßt erschließen, daß Simon in der Nähe des Stadttores zwangsverpflichtet wurde, bis wohin Jesus wohl selbst sein Kreuz schleppte. Der Kreuzigungsort, die Schädel-Stätte, war ein felsiger Hügel außerhalb der sogenannten „zweiten Stadtmauer"; er wurde wohl Golgota genannt, weil die Geländeform an einen Schädel erinnerte. An der Hinrichtungsstätte angelangt, bieten die Soldaten Jesus einen Betäubungstrank an, den er aber nicht annimmt.

Wie die Beistrafe der Kreuzigung, die Geißelung (Mk 15,15), wird auch die Kreuzigung selbst nicht anschaulich geschildert, sondern zurückhaltend, grausamer Phantasie oder Erinnerung nicht Raum gewährend, nur knapp erwähnt.

Der Nachlaß eines Exekutierten, was der Hingerichtete am Leibe getragen hatte, fiel nach alter Sitte seinen Henkern zu. Jesu Exekutionskommando loste um seine Kleider. Die Urgemeinde nutzt den Vorgang zu einer Anspielung auf Ps 22, 19, um Jesus erneut als den leidenden Gerechten zu charakterisieren, der selbst die Milderung seiner Märtyrerqual, den Betäubungstrank, abwies.

*

Die Hinrichtung am Kreuz, eine Sklavenstrafe, in den römischen Provinzen ein als Abschreckungsmittel gegen Freiheitskämpfer gern benutztes Mittel zur Aufrechterhaltung der öffentlichen Ordnung und Sicherheit, eine allerdings auch von jüdischen Gerichten verhängte Strafe, vollzog sich so: Der Verurteilte, der das Querholz zur Hinrichtungsstätte getragen hatte, wurde nach seiner Entkleidung am Boden mit ausgestreckten Armen an das Querholz angebunden oder angenagelt. Das Querholz wurde dann am senkrecht im Boden stehenden Hinrichtungspfahl, dessen Höhe verschieden war, mannshoch oder – zur Schaustellung des Hingerichteten – höher als „Hochkreuz", hochgezogen und in einer Kerbe am Ende des Pfahls (Form T) oder in dessen oberen Drittel (Form †) befestigt; die Füße des Delinquenten wurden dann am Pfahl angebunden oder angenagelt. Die mit größeren physischen Qualen verbundene Annagelung konnte aufgrund des Blutverlustes den Tod beschleunigen. Ein Holzklotz, etwa in der Mitte des Pfahls angebracht, stützte den hängenden Körper des Gekreuzigten und sollte einen allzu raschen Tod verhindern. Die dem Delinquenten auf dem Gang zum Richtplatz umgehangene oder vorausgetragene Tafel, auf welcher der Grund seiner Verurteilung aufgezeichnet war, wurde nach erfolgter Exekution sichtbar (wohl über den tief hängenden Kopf des Gekreuzigten) am oberen Ende des Kreuzes angeschlagen.

Jesu Kreuzigung ist Joh 20,25 als Annagelung vorausgesetzt. Mk 15,36 deutet die Benutzung eines Rohrs zur Tränkung Jesu auf ein Hochkreuz hin. Mehr erfahren wir über Jesu Kreuzigung aus der Überlieferung nicht. Den antiken Menschen war der grausame Vorgang bekannt; die Christen vermeiden eine Beschreibung der Qualen Jesu. Für sie ist wichtiger, zu verkünden, daß der Skandal der Kreuzigung des Messias zur Krise der Welt geworden ist: „Denn die Kunde vom Kreuz ist Unsinn für die, die verlorengehen. Uns aber, den Geretteten, ist sie Gottes Kraft" (1 Kor 1,18).

XII. 35: Mk 15,25–32

Nach der Chronologie der Passionsgeschichte sind seit Jesu Überstellung an Pilatus (Mk 15,1) drei Stunden vergangen. Als die Soldaten Jesus kreuzigten, war die dritte Stunde, neun Uhr vormittags. Als die Jerusalemer und die Paschafestpilger nach der langen Paschanacht aufwachten, hing Jesus bereits am Kreuz.

Der Kreuzestitel, auf dem die offiziell angegebene Schuld Jesu aufgeschrieben war, bietet Anlaß zu einer erneuten Spottszene. „Der König der Juden", Jesus, der als politischer Verbrecher, als Messiasprätendent verklagt worden war, wird von den Soldaten mit einem Verbrecherhofstaat „zur Rechten und zur Linken" umgeben; zwei Bandenkrieger, zelotische Freiheitskämpfer, werden zusammen mit ihm gekreuzigt.

Die Erzähler stempeln die spottenden Passanten als Lästerer, als Sünder ab, als Feinde des leidenden Gerechten, die ihn verleumden und ihn mit dem „Hauptschütteln" als Ausgestoßenen schmähen (vgl. Ps 109,25; Klgl 2,15; Ps 22,8).

Unter den schaulustigen Passanten scheinen sich auch die Falschzeugen aus dem Verhör vor dem Synedrion zu befinden, die sich mit ihrer Spottrede, den „Ha, Ha"-Rufen (vgl. Ps 35,21.25; 70,4) und dem Rückgriff auf das Jesus unterschobene Tempelwort (vgl. Mk 14, 58), besonders hervortun, und Jesus als Messias verspotten. Der „Messias", dem die wunderbare Kraft zur Selbstrettung fehlt, der nicht vom Kreuz herabsteigen kann, obwohl er den Tempel niederreißen und in drei Tagen aufbauen wollte, ist als Messias widerlegt: ein Pseudomessias. Die Anspielung an Ps 22,9 vertieft das Bild, das die Urgemeinde vom leidenden Gerechten zeichnet.

In der zweiten Spottszene erscheinen wieder Jesu Hauptgegner, die Hohenpriester mit den Schriftgelehrten. Die religiösen Autoritäten verhöhnen zuletzt Jesu religiösen Anspruch. Sie reden ihn nicht an, sondern spotten miteinander über ihn, machen ihn lächerlich. Die Erzähler charakterisieren sie als Sünder, die den Gerechten verspotten (vgl. Ps 22,7f; 31,12; 39,9; 42,11; 69,8.10; 109,25; Weish 5,4).

Die Spottrede der Hohenpriester und Schriftgelehrten erinnert an Jesu Wunder; daß Jesus sich nicht selbst retten kann, soll seinen Vollmachtsanspruch als Messias und König Israels widerlegen. In der Verhöhnung mit den beiden Titeln „Christus" und „König Israels" (der jüdischen Fassung von „König der Juden") sind die Titel der Fragen des Hohenpriesters (Mk 14,61) und des Pilatus (Mk 15,2) verbunden. Die Spötter höhnen, der Messiaskönig solle „jetzt", vom Kreuz herab, seine Vollmacht bewähren und ein sichtbares Zeichen, ein Erweiswunder, vollbringen, das sie zum Glauben an seinen Anspruch führen könnte. Im blanken Hohn wird der Glaubensbegriff pervertiert.

Der Abschnitt wird mit einer dritten Spottszene abgeschlossen; auch die Jesus zum Hohn als Verbrecherhofstaat zugesellten Mitgekreuzigten schmähen ihn (vgl. Ps 69,10; 89,51f; 102,9; Weish 5,3). Der leidende Gerechte ist völlig isoliert unter den Sündern, die ihn lästern, verspotten und schmähen.

*

Obwohl die Spottszenen durch das Wortfeld der Leiden des Gerechten stark geprägt sind, schimmern historische

Vorgänge durch. Die Falschzeugen aus dem Verhör und die Hauptgegner Jesu, die Hohenpriester mit den Schriftgelehrten, werden sich die Kreuzigung angesehen haben und ihre Befriedigung über das Gelingen ihrer Pläne im Spott zum Ausdruck gebracht haben; die mit Jesus gekreuzigten Zeloten hatten vielleicht Grund zur Schmähung Jesu, weil ihre Kreuzigung am Paschafesttag überraschend schnell gekommen oder gar zur Verhöhnung Jesu angeordnet war.

Für die Urgemeinde bilden die Spottszenen wohl auch nachösterliche Diskussionen um die Messianität des Gekreuzigten ab, wie sie im Geschick des leidenden Gerechten in Weish 2, 16–20 vorgeschattet sind. Der wahre Gesandte Gottes, der Messias-König, der Sohn Gottes (Mk 15, 34), legitimiert sich nicht selbst durch ein Rettungswunder; vielmehr ist seine nach Gottes Willen geschehende (vgl. Mk 14, 36), in der Schrift prophezeite (vgl. Mk 8, 31; 9, 12; 14, 21.49) Erniedrigung das Zeichen dafür, daß sein Anspruch zu Recht besteht. Die Legitimation wird von Gott geliefert, der den Gekreuzigten auferweckt – und dies könnte kein Mensch von sich aus. Für den „Sehenden", der nicht verstockt ist, ist auch am Tode Jesu abzulesen, daß er Gottes Sohn ist (Mk 15, 39). Die Gemeinde, die seine Auferweckung verkündet, weiß, wer ihn retten konnte.

Mattäus hat durch seine Angleichung der Verspottungsszene an die Versuchungserzählung („Wenn du der Sohn Gottes bist, rette dich doch selbst ..."), die Verspottung Jesu als satanisches Unternehmen gekennzeichnet und die von Jesus geforderte Legitimation als Forderung auf Ungehorsam gegen Gott, die selbst dem Ungehorsam entspringt, entlarvt.

Der Glaubende kann sich in der Welt durch nichts legitimieren, außer durch seinen Glauben, seinen Gehorsam. Er kann nicht Gott zu seiner Rettung (magisch) zitieren, er kann sich ihm nur zur Verfügung stellen – im Tod für sein rettendes Handeln in der Auferweckung.

Die Deutung der Erzählung über den Tod Jesu ist schwierig. Kaum zu klären ist die Frage, ob die Finsternis, die um die sechste Stunde, also am hellen Mittag, entsteht und bis zur neunten Stunde, also bis gegen drei Uhr nachmittag dauert, als legendäres Zeichen verstanden sein soll, wie es in hellenistischer Literatur ähnlich in Schilderungen des Todes berühmter Herrscher begegnet, oder ob von einer atmosphärischen Verdunkelung, z.B. durch schwarz aufziehende, tief hängende Wolken (wie schon Origenes meinte) die Rede ist.

Die neunte Stunde kann als die Stunde des Nachmittagsgebets (vgl. Apg 3, 1) nochmals erwähnt sein; denn Jesu Ruf ist ein Gebet, der Notschrei des Bedrängten zu Gott. Die „laute Stimme" charakterisiert hier den lauten, inständigen Gebetsschrei. Als Gebet wird der Anfang von Ps 22, 2a aramäisch zitiert, es folgt die Übersetzung. Vermutlich ist vorausgesetzt, daß Jesus den ganzen Psalm betete, die Anfangsworte werden zitiert, weil die umstehenden Spötter dann darauf Bezug nehmen.

Jesu Gebet ist kein Verzweiflungsschrei, sondern Vertrauensäußerung, seiner äußersten Not angemessener Ausdruck seines unerschütterlichen Glaubens. Sein Gebet, das durch die Verse 35–36 als historisch beglaubigt gelten kann, wurde der Urgemeinde wohl Anlaß zur Verarbeitung von Ps 22 und weiterer Leidenspsalmen in der Passionsgeschichte.

Die Übersetzung des Gebetsworts vertieft den Eindruck, daß die Dabeistehenden auf Jesu Gebetsruf mit einer mutwilligen Verwechslung reagieren. Die „Dabeistehenden" sind wohl als Juden zu denken, die Jesus unterstellen, er rufe den Elija als Nothelfer herbei; Elija galt im jüdischen Volksglauben als Nothelfer der Gerechten, der ihnen in der Todesstunde beistehe.

Der Versuch eines der Spötter, Jesus noch mit Essig zu tränken, um das Wundfieber und den Durst des Gekreuzigten zu lindern und sein Leben zu verlängern, kommt zu spät;

überdies soll die Tränkung des am Hochkreuz Hängenden, zu der ein Schwamm auf ein Rohr gesteckt wird, keine „Wohltat" sein, wie aus dem Zuruf an die übrigen Spötter hervorgeht. Die Spötter wollen sehen, ob Jesus mit seinem angeblichen Ruf nach Elija erhört wird, ob der Nothelfer kommt und ihn vom Kreuz herunterholt. Doch Jesu Tod kommt der Ausführung ihrer Spottaktion zuvor.

Die knappe Beschreibung des Todes Jesu hebt auf sein „Pneuma", seinen Geist, sein geisterfülltes Leben ab. Der „laute Schrei" charakterisiert jetzt den Träger göttlichen Geistes; vielleicht ist angedeutet, daß sein Schrei im nachfolgenden „Zeichen" eine göttliche Antwort erhält.

Die Spaltung des Tempelvorhangs ist als ein „Zeichen", als Wirkung des Todes Jesu vorgestellt. Die Deutung des „Zeichens" am Vorhang zwischen Allerheiligstem und Heiligem im Heiligtum selbst oder zwischen Tempelgebäude und Vorhof ist umstritten. Bemerkenswert ist, daß wunderbare Zeichen beim Tod von Rabbinen in (späterer) jüdischer Überlieferung meist einem hervorstechenden Zug im Wesen oder Leben der Verstorbenen entsprechen. Man wird das Zeichen daher am ehesten als Jesu Messianität bestätigendes Gerichts- und Strafzeichen verstehen, das an Jesu eigene (Mk 13,2) bzw. der ihm unterstellten (Mk 14,58; 15,27) Tempelprophetie und der Gegnerschaft der Tempelaristokratie gegen ihn seinen Anhalt hat: Die für den Tod Jesu verantwortlichen Führer Israels werden von Gott gestraft und gewarnt, Jesus wird beglaubigt. Der Hauptmann des Hinrichtungskommandos wird – wohl im Blick auf Mk 15,44f – betont als Zeuge des Todes Jesu vorgestellt: er stand dabei, Jesus gegenüber. Der Scherge ist dem Märtyrer gegenübergestellt und wird durch dessen Tod bekehrt: der als König der Juden hingerichtete Rebell war Sohn Gottes! Der Hauptmann gewinnt seine neue Überzeugung, weil er wahrnimmt, daß Jesus so schreiend, mit dem „lauten Schrei" (V 37), stirbt. Er spricht von Jesus wie von einem Fremden: „dieser Mensch", beurteilt den Verstorbenen als einen Gerechten, einen „Sohn Gottes" (vgl. Weish 2,18;

5, 5). Die Urgemeinde läßt den Heiden ein Bekenntnis sprechen, das in christlicher Überlieferung exklusiven Charakter gewinnt: Jesus ist *der* Sohn Gottes.

*

Das „Evangelium der Urgemeinde" schildert den Tod Jesu in dem knappen, nüchternen Satz: „Jesus aber entließ einen lauten Schrei und hauchte (sein Leben) aus." Die medizinischen Erörterungen um die Todesursache Jesu und die Möglichkeit eines lauten Todesschreis eines sterbenden Gekreuzigten haben über Erklärungs*versuche* nicht hinausgeführt. Der relativ rasche Tod Jesu, die Tatsache, daß er bis zuletzt bei Bewußtsein blieb und der nach dem Passionsbericht als kurz dargestellte Todeskampf lassen auf ein Kollapsgeschehen schließen. Der „laute Schrei" dürfte seiner Ungewöhnlichkeit wegen notiert und gedeutet sein.

Im lauten Schrei artikuliert sich die Stimme des Geistträgers; die biblische Anthropologie erkennt den Geist, das Leben, die Seele des Menschen in seinem „Hauch", seinem „Odem", der ihm von Gott verliehen ist und den der Sterbende Gott zurückgibt. Lukas (23,46) läßt Jesus sterbend mit Ps 31,6 beten: „Vater, ›in deine Hände übergebe ich meinen Geist‹..." Aber auch schon „das Evangelium der Urgemeinde" kennzeichnet mit dem Wort „aushauchen" Jesu williges Sterben.

Die Bedeutung des Todes Jesu wird von den Erzählern nicht eigens artikuliert, weil Jesus selbst im Abendmahlssaal seinen Tod schon vorweggedeutet hat. Nur mit dem „Zeichen" des Zerreißens des Tempelvorhangs wird auf die Frage hingewiesen, die Israel gestellt ist: Wird Jesu Volk angesichts seiner Kreuzigung umkehren?

Vor antijudaistischen Überinterpretationen des Strafwunders der Spaltung des Tempelvorhangs ist zu warnen. Sie setzen freilich schon früh ein. Ein christlicher Interpolator im Testament des Levi 10, 3 interpretiert sie als Strafe für Israels Gottlosigkeit und gesetzwidrige Schlechtigkeit; nach dem Bartholomäusevangelium 27, 27 zerreißt ein Racheengel den Vorhang des Tempels: „Er zerteilte ihn in zwei Teile zu einem Zeugnis den Söhnen Israels, weil sie mich kreuzigten." In anderen Texten wird das „Zeichen" mit dem kommenden Untergang Jerusalems und der Zerstörung des Tempels in Verbindung gebracht. Schließlich wird ein Zusammenhang mit der Heidenmission hergestellt: „Und der Vorhang des Tempels wird zerreißen. Und der Geist Gottes wird zu den Heiden übergehen wie ausgegossenes Feuer" (Testament des Benjamin 9,4). Doch gehen die alten Erklärer nicht so weit wie moderne Exegeten, die das „Zeichen" sagen lassen, daß mit Jesu Tod „das Ende des jüdischen Tempelkults und damit des Judentums überhaupt gekommen" sei.

Einen eigenen Weg hat der Hebräerbrief beschritten in einer theologischen Interpretation des Todes Jesu, die von der Verhüllungsfunktion des Tempelvorhangs vor dem Allerheiligsten, in dem Gott wohnend gedacht ist, ausgeht: „So haben wir, meine Brüder, das freie Zutrittsrecht zum Heiligtum Gottes durch Jesu Opfertod. Einen neuen, lebendigen Weg hat er uns eröffnet, der durch den Vorhang, das heißt, durch sein irdisch-leibliches Dasein hindurchführt" (10,19f).

XIII. 37: Mk 15,40–41

Die letzten drei Abschnitte des „Evangeliums der Urgemeinde" führen galiläische Anhängerinnen Jesu als neue Personen in das Geschehen ein, die Zeugen der Kreuzigung, der Grablegung und der Auferstehungsbotschaft werden. Die erste Szene, die nach dem Tod Jesu auf seine Anfänge in Galiläa zurückblickt, macht die Frauen zu Zeugen des Todes Jesu. Sie schauten von weitem; dies entspricht dem normalen Verhalten von Frauen in einer von Männern bestimmten grausamen Welt.

Die Frauen, von denen vier namentlich genannt werden, Maria von Magdala, Maria die Mutter oder Frau des Jakobus des Kleinen, (Maria), die Mutter des Joses, und Salome, waren Jüngerinnen, die Jesus nachgefolgt waren und den armen Wanderpropheten unterstützt hatten (vgl. Lk 8,2f); sie waren mit Jesus nach Jerusalem hinaufgezogen und in der Nacht nach der Verhaftung Jesu vielleicht von den geflohenen Jüngern informiert worden.

*

Mit der Erwähnung der in der Urgemeinde lebenden Zeugen der Kreuzigung und des Todes Jesu beginnt der Abschluß des „Evangeliums der Urgemeinde", der sich eng an das fundamentale urchristliche Evangelium (vgl. 1 Kor 15,3–5) anschließt: der Christus ist gestorben (Mk 15,37) – begraben (15,42–47) – auferweckt (16,6) – erschienen (16,7). Mit den Leidens- und Auferstehungsweissagungen zu Beginn der Passionsgeschichte (Mk 8,31; 9,31; 10,33f), deren letzte mit der Anabasis Jesu nach Jerusalem verbunden ist, war auf diesen Schluß schon vorverwiesen. Innerhalb der christlichen Gemeinde, in der „weder Mann noch Frau" gilt (Gal 3, 28), sind auch die Frauen vollwertige und vollgültige Zeugen.

XIII. 38: Mk 15,42–47

Jesus war am Rüsttag, dem Tag vor dem Sabbat, am Freitag um die neunte Stunde, um drei Uhr nachmittags gestorben. Am späten Nachmittag, bevor der Sabbat anbricht und kein Begräbnis mehr zuläßt, kommt ein angesehener Ratsherr aus Arimatäa, vermutlich Ramatajim (1 Sam 1, 1), der wohl Mitglied des Synedrions war, vielleicht bei der Verurteilung Jesu nicht anwesend war und so zum letzten Liebeserweis gegenüber dem Gekreuzigten, mit dem er sympathisiert hatte, besonders motiviert sein mochte. Der hochgestellte Mann, den die Urgemeinde nur von ferne zu kennen scheint, konnte es wagen, zu Pilatus zu gehen und den Präfekten um einen Gnadenakt, die Freigabe des Leichnams des Gekreuzigten zu bitten. In der Regel wurde der Gekreuzigte über die Exekution hinaus durch den Verlust der Totenehren, der Bestattung, gestraft. Pilatus läßt vor der Freigabe des Gekreuzigten, von dessen Schuld er nicht überzeugt gewesen war, Jesu Tod durch den Hauptmann des Hinrichtungskommandos amtlich feststellen; der Urgemeinde liegt daran, von vornherein Scheintodhypothesen auszuschließen.

Gekreuzigte hingen oft recht lange lebend am Kreuz; die Verwunderung des Pilatus bezieht sich auf den ungewöhnlich raschen Tod Jesu sechs Stunden nach seiner Kreuzigung.

Der angesehene Ratsherr Josef ließ, vermutlich durch sein Dienstpersonal, Leinwand kaufen, Jesus vom Kreuz herabnehmen, in die Leinwand einwickeln und in eine Felsengrabstätte legen; das Grab verschließt er mit einem Stein.

Das aus dem Felsen gehauene Grab ist, wie aus Mk 16, 1–8 weiter hervorgeht, als eine mit einem Rollstein verschlossene Grabkammer mit Bestattungsbänken rechts und links vorgestellt. Der Rollstein lief als Verschluß auf einer zum Grabeingang gesenkten Rille und konnte deshalb nicht leicht fortbewegt werden.

Von einer Totensalbung Jesu ist nicht die Rede; die im Erzählablauf vorgestellte Zeit ließe die Besorgung von Kräuterölen durchaus zu. Doch scheint die Motivauswahl bei der Schilderung des Begräbnisses Jesu weder durch historische Vorgaben noch durch historisierendes Veranschaulichen bedingt, sondern von der Absicht geleitet zu sein, die abschließende Ostererzählung (Mk 16, 1–8) vorzubereiten: der Aktion der Frauen, die Kräuteröle kaufen, Jesus salben und deshalb in sein Grab hineingelangen wollen, wird Raum geschaffen. Eine Erwähnung einer Totensalbung – die im übrigen nach Mk 14, 3–9 in Betanien schon vorweggenommen wurde – hätte den weiteren Fortgang der Erzählung in Mk 16, 1–8 unmöglich gemacht.

Der Vorbereitung der abschließenden Ostererzählung dient ebenso die Qualifizierung der Grabstätte als Felsengrab, in das man hineingehen und in dem man einen Engel antreffen kann (Mk 16, 5), und die Erwähnung des Rollsteins vor dem Eingang der Grabkammer, welche beim späteren Zwiegespräch der Frauen (Mk 16, 3) und beim Öffnungswunder (Mk 16, 4f) vorausgesetzt ist. In die Beschreibung der Grablegung Jesu fließen also deutlich Züge ein, die späteres legendäres Erzählen ermöglichen und vielleicht selbst schon legendär sind. Die Urgemeinde hat vielleicht nicht mehr als das Faktum der Freigabe der Leiche Jesu durch Pilatus und des Begräbnisses durch Josef von Arimatäa gewußt. Auffällig ist, daß die nicht näher bestimmte, nur als Felsengrab vorgestellte Begräbnisstätte gar nicht lokalisiert wird. In merkwürdiger Spannung dazu steht die abschließende Notiz, daß zwei der zuvor genannten vier Frauen sahen, wo Jesus bestattet wurde. Offensichtlich wird mit dieser Bemerkung auch die Ostererzählung vorbereitet;

denn ohne Kenntnis der Grabstätte vorauszusetzen, ließ sich keine Erzählung vom leeren Grab inszenieren.

*

Nach dem Kontext der Passionsgeschichte ist Jesus in Betanien schon im voraus zum Begräbnis gesalbt worden (Mk 14,3–9); der Messias hat also alle Totenehren erhalten, sogar ein seiner Würde angemessenes Grab. Doch die gottgewollte Ehrung Jesu, seine Verherrlichung, erfüllt sich nicht in einem besonders ehrenvollen Begräbnis, sondern in seiner Auferweckung nach drei Tagen, am dritten Tag.

Im Grab verschlingt nach biblisch-jüdischer Auffassung der Rachen des Todes den Toten. Den Toten dem Kerker des Todes zu entreißen, ihn aus seinen Schlingen zu lösen, vermag nach biblischem Glauben Gott allein, der stärker ist als der Tod. Sein befreiendes Handeln am toten Jesus bezeugt „das Evangelium der Urgemeinde" in seiner letzten Erzählung in einer großartigen Inszenierung, die dinglich erzählt und doch den Auferstehungsglauben nicht verdinglicht.

XIII. 39: 16,1–8

Die Osterbotschaft empfangen im „Evangelium der Urgemeinde" drei der vier Frauen, die Zeugen der Kreuzigung Jesu geworden waren. Der Sabbat geht nach Sonnenuntergang am siebten Wochentag (Samstag) vorüber. Seit dem Begräbnis Jesu am Tag vor dem Sabbat ist also das Verstreichen eines ganzen Tages vorgestellt. Nach jüdischer Zeitrechnung, die jeden angebrochenen Tag mitzählt, ist der erste Wochentag der „dritte Tag" seit dem Tod Jesu.

Daß die drei Frauen die Kräuteröle nicht am Sabbat kaufen, entspricht den Sabbatvorschriften; sie holen erst jetzt nach, was Josef von Arimatäa unterlassen hat. Kräuteröle, wohlriechende Salben, dienen der Salbung vornehmer Toter. Die Verehrung, welche die Frauen für Jesus hegen, ist betont. Die Totensalbung ist jüdischer Brauch, jedoch ist die Absicht, einen schon anderthalb Tage zuvor bestatteten Toten salben zu wollen, höchst ungewöhnlich. Der überwiegend als historisch unglaubwürdig beurteilte Zug, die Salbungsabsicht der Frauen, motiviert im Fortgang der Erzählung, daß die Frauen nicht nur das Grab Jesu besuchen (so in der Mattäusparallele), sondern in das Grab hineingelangen wollen. Überdies wird die „unmögliche" Handlung nicht vollzogen; so wird unterstrichen, daß die ganze „Suche" der Frauen vergeblich ist, weil Jesus kein Toter mehr ist, den man salben könnte.

Die Frauen kommen in der Morgenfrühe zum Grab; die Zeit des Sonnenaufgangs gilt in der jüdischen Tradition als der Zeitpunkt, zu dem Gottes rettende Taten offenbar werden. Die Zeitansage hat offensichtlich theologisch-symbolischen Sinn.

Der Absicht der Frauen, ins Grab hineinzugelangen, um Jesus zu salben, stellt sich ein Hindernis entgegen, das zur Frage nach einem Helfer Anlaß gibt und im Zwiegespräch der Frauen besprochen wird: der „sehr große" Stein, der vor die Tür des Grabes gerollt worden war und weggewälzt werden muß, wenn die Frauen ins Grab gelangen sollen. Die Frage dient der Vorbereitung der Schilderung eines Türöffnungswunders, das Jesu Befreiung aus dem Kerker des Todes erahnen läßt, und der Einführung des Engels als eines „Helfers", der eine größere Ratlosigkeit angesichts eines größeren Hindernisses für die Salbung Jesu klären kann, angesichts der Nichtauffindbarkeit des Leichnams Jesu. Die Frage der Frauen erweist sich im Nachhinein als doppelbödig: der Stein ist nicht für die Frauen weggewälzt worden, sondern für den aus dem Kerker des Todes befreiten, den auferstandenen Jesus. Die Erzähler konstatieren die Beseitigung des Hindernisses recht knapp; daß die Frauen jetzt erst aufblicken, motiviert nachträglich noch einmal ihre Frage, die überdies apologetisch einschärft, daß die Frauen mit der Graböffnung nichts zu tun haben. Sie sind keine Leichenräuber, sie wurden davon überrascht, daß der große Stein weggewälzt war. Der Leser wird, wie in Mt 28,2, erschließen, der Engel habe den schweren Stein weggewälzt. Doch die Erzählung weist diesem „Helfer" eine noch wichtigere Funktion zu.

Mit dem Gang der Frauen ins Grab beginnt eine Epiphanieszene; die Erscheinung des Engels, eines *angelus interpres* (eines Deuteengels), läßt erwarten, daß das Türöffnungswunder erklärt wird, daß göttliche Offenbarung übermittelt wird, welche die Vergeblichkeit der Suche der Frauen aufdeckt und erklärt.

Die Engelepiphanie wird aus der Perspektive der Frauen erzählt; sie sehen einen „Jüngling", der durch das lange weiße Gewand als himmlischer Bote charakterisiert ist. Daß der Engel in der Grabkammer auf der rechten Seite sitzt, deutet von vornherein darauf hin, daß er eine gute Botschaft auszurichten hat; die sitzende Haltung unterstreicht die Autorität des Offenbarungsträgers. Die Furchtreaktion der Frauen gehört zu den festen Motiven von Epiphanieerzählungen: vor der Erscheinung des Himmlischen schaudert der Mensch, ergriffen vom *mysterium tremendum* (dem schreckenden Geheimnis).

Mit der Trostformel „Erschaudert nicht!" löst der himmlische Bote den Schauder der Frauen und macht sie zum Empfang seiner Offenbarungsbotschaft, seiner Enthüllungen und Deutungen bereit. Der Engel deutet zunächst den Weg der Frauen, ihr Unternehmen als „Suche" nach Jesus, dem gekreuzigten Nazarener; die Erzähler geben zu verstehen, daß sie im Horizont und mit den Mitteln einer weitverbreiteten Gattung formulieren, deren Texte von der Suche nach entrückt oder auferweckt geglaubten Personen erzählen, die nicht gefunden werden, deren Nichtauffindbarkeit den Entrückungs- oder Auferweckungsglauben bestätigen soll. Die sorgfältige Kennzeichnung Jesu als des Nazareners (vgl. Mk 10,47; 14,67), des Gekreuzigten, dient der Identifikation des Auferstandenen; eine Verwechslung wird ausgeschlossen: Der gekreuzigte und hier begrabene Jesus von Nazaret ist von Gott auferweckt worden und folglich nicht im Grab zu finden. Die Auferweckungsbotschaft wird keineswegs als Schlußfolgerung aus dem „leeren Grab“ vorgetragen, vielmehr wird die Nichtauffindbarkeit Jesu im Grab als „Folge“ seiner Auferweckung durch Gott vorgestellt, von der nur ein göttlicher Bote Kunde bringen kann.

Die Wendung „auferweckt ward er“ ist Zitat des urchristlichen Evangeliums (1 Kor 15,4); die Wendung „er ist nicht hier“ ist eine Formel der Nichtauffindbarkeit, die schon in der uralten Notiz über die Entrückung Henochs (Gen 5,24) benutzt wurde. Der Engel interpretiert zugleich das Türöffnungs- bzw. Befreiungswunder: das Grab ist geöffnet, weil Jesus auferweckt wurde. Er ist nicht im Haus des Todes gefangen gehalten (vgl. Apg 2,24–31), sondern von Gott selbst befreit und deshalb (wie die befreiten Gefangenen in Befreiungswundererzählungen, vgl. z.B. Apg 5,22f; 12,19) unauffindbar; das Grab, der Kerker, in dem Jesus eingeschlossen war, ist „leer“ (vgl. Apg 5,22). Die Suche der Frauen, die Jesus salben wollten, galt dem Gekreuzigten, dem Toten, den sie mit der Totensalbung weiter dem Tod anheimgeben wollten. Doch Gott hat Jesus als Lebenden *gesucht*, ihn von den Toten auferweckt, ihn aus den Fesseln des Todes befreit.

Der Hinweis auf den Platz, wo man Jesus bestattet hatte, bestätigt die Behauptung „er ist nicht hier“. Die Frauen, von denen die erste gesehen hatte, wo Jesus bestattet worden war, sollen sich von der Vergeblichkeit ihrer Suche überzeugen und die Auferstehungsbotschaft, für die ein himmlischer Bote bürgt, annehmen.

In der zweiten Hälfte der Engelrede werden die Frauen zu Boten des göttlichen Boten gemacht, der zugleich in die Rolle eines Boten des auferstandenen Jesus einrückt. Der Engel gebraucht eine Entlassungsformel („Geht hin“) und beauftragt die Frauen mit einer Botschaft an Jesu Jünger und insbesondere an Petrus, der in der Urgemeinde primärer Zeuge der Osterbotschaft ist (vgl. 1 Kor 15,5). Petrus und den Jüngern wird eine Bestätigungsvision verheißen, die ihnen die Erfüllung der Prophetien Jesu selbst (Mk 8,31; 9,31;

10,34; 14,28) verbürgt: der Menschensohn ist auferstanden nach drei Tagen.

Die Frauen fliehen vom Grab, weil Zittern und ekstatisches Entsetzen sie gebannt hält. Der Engel hat ihnen mit der Auferweckungsbotschaft ein überwältigendes Geheimnis anvertraut. Daß die Frauen niemanden etwas erzählen – auch ein Motiv aus Epiphanieerzählungen –, steht im gewollten Widerspruch zum Auftrag des Engels; die Erzähler können so das „Evangelium der Urgemeinde" zum Abschluß bringen. Was jetzt noch zu erzählen wäre, gehört in die Geschichte ihrer Erzählgemeinschaft.

Die Rolle der Frauen, die Zeugen des Todes Jesu wurden, und die Rolle der Jünger, die Jesus nicht bis zum Kreuz nachgefolgt waren, werden von den Erzählern im Blick auf die Verantwortung des Osterglaubens sorgfältig differenziert. Die Frauen sind Empfänger einer Engelsbotschaft und Zeugen der Nichtauffindbarkeit Jesu im Grab. Petrus und die Jünger, die Elf, waren von Jesus selbst über seine Auferstehung nach drei Tagen belehrt worden; sie sollen mit dem Auferstandenen selbst Kommunikation haben.

Der Weg vom Grab weg zu den Jüngern führt die Frauen – und alle, die Jesus „suchen" – in die Urgemeinde der Galiläer, die von den legitimierten Osterzeugen, Petrus und den Zwölfen, angeführt wird, in der auch die Passionsgeschichte als „Gründungslegende" erzählt wird, in der „das Evangelium der Urgemeinde" verkündigt wird.

*

Für das Verständnis der Grabesgeschichte ist neben dem Kontakt mit Epiphanieerzählungen und Türöffnungs- bzw. Befreiungswundertraditionen der Kontakt mit der Gattung von Erzählungen, welche die Suche nach und die Nichtauffindbarkeit von entrückten bzw. auferweckten Personen inszenieren, grundlegend. In alttestamentlicher Tradition liegt ein Beispiel dieser Gattung in der Erzählung von der vergeblichen Suche der Prophetensöhne nach dem entrückten Elija (2 Kön 2,16–18) vor. Drei Tage lang suchten die

Propheten den Meister und fanden ihn nicht; in einer Auslegung des Textes im Nikodemusevangelium XV, 1 wird hinzugefügt: „und so erkannten sie, daß er (in den Himmel) aufgenommen war". Auch vom entrückten Henoch wird gesagt: „Er war nicht mehr da" (Gen 5,24). Hebr 11,5 legt aus: „er wurde nicht mehr gefunden"; eine Suche ist angedeutet, ebenso in der frühjüdischen Schrift des Pseudo-Philo: „und man fand ihn nicht, weil Gott ihn entrückte" (LibAnt 1,16). Philo von Alexandrien (quaestiones in Genesin II,86) deutet die Nichtauffindbarkeit Henochs unter ausdrücklicher Behauptung, er sei „gesucht" und „nicht gefunden" worden. Im Frühjudentum hat sich auch der Glaube an die Himmelfahrt des Mose herausgebildet; später weiß Theodoret (Dial. II) zu erzählen, die Söhne Israels hätten den Leichnam des Mose gesucht, aber nicht gefunden. Im frühen Christentum gibt es entsprechende Legenden vom gerechten Schächer, der mit Jesus ins Paradies gelangen sollte; die Narratio Josephi IV, 1 erzählt: „der Leichnam des Schächers zur Rechten wurde nicht gefunden". Ferner wird von der Auferweckung und Nichtauffindbarkeit der vielen entschlafenen Heiligen (Mt 27,51–53), des Apostels Johannes, Maria, der Mutter Jesu, erzählt. Auch in der griechischen und römischen Literatur gibt es entsprechende Erzählungen, die teilweise überdies das Motiv der Bestätigungsvision kennen, die jenen zuteil wird, die nicht Zeugen der Nichtauffindbarkeit der entrückten Heroen sind.

Der für Mk 16,1–8 wichtigste Vergleichstext, der auch das Motiv der Bestätigungsvision enthält, findet sich in der frühjüdischen Schrift „Testament des Ijob" 39–40. Nach 18,1 (vgl. Ijob 1,19) hat der Teufel über Ijobs Kindern das Haus zusammenfallen lassen und sie getötet; Ijobs Frau Sitidos bittet später seine Freunde, die als Könige vorgestellt sind: „Laßt eure Mannen in dem Schutt des Hauses graben, das über meinen Kindern einst zusammenfiel, damit man ihr Gebein in einem Grabe bergen könnte! Denn wir vermochten's nicht der Kosten wegen. So könnten wir doch wenigstens die Überreste sehen" (39,8f). Doch Ijob, der

Märtyrer-Prophet, hält sie zurück und sagt (vergleichbar Elischa in 2 Kön 2,16 und dem Engel in der Grabesgeschichte): „Müht euch nicht ab! Es ist vergeblich. *Ihr findet meine Kinder nicht;* sie wurden ja von ihrem Schöpferkönig in seinen Himmel aufgenommen" (39,11f). Die Freunde Ijobs bezweifeln seine prophetische Botschaft, seine Offenbarung unsichtbarer Wahrheit, und fordern eine Bestätigung: „Wer wollte nicht abermals behaupten: Du bist von Sinnen und verrückt? Du sagtest: ›Es wurden aufgenommen meine Kinder in den Himmel!‹ Drum tu uns jetzt die Wahrheit kund!" (39,13). Daraufhin läßt Ijob sich aufrichten, betet und kündigt eine Bestätigungsvision an, die seine Frau von der Wahrheit seiner Behauptung überzeugt: „›Erhebt gen Osten eure Augen und schauet meine Kinder dort mit der Herrlichkeit des Himmlischen gekrönt!‹ Auch Sitidos, mein Weib, schaut sie, sie fällt zur Erde nieder und betet an und spricht: ›Jetzt weiß ich es: Gott denkt an mich‹" (40,3f).

Das „Evangelium der Urgemeinde" bedient sich also der literarischen Gattungen seiner Zeit. Kaum zufällig dürfte eine Gattung benutzt sein, welche die Verkündigung der Auferweckung als Offenbarung vom Handeln Gottes an Jesus ermöglichte. Aber die Urgemeinde erzählt nicht von legendären Gestalten, sondern von Jesus, dem Gekreuzigten! Seine Auferweckung ist unvergleichlich, weil er selbst unvergleichlich ist: der Messias, der Menschensohn, der Sohn Gottes. Die Urgemeinde hat die Passion Jesu im Licht der Traditionen vom leidenden Gerechten erzählt und weiß am Schluß auch von der göttlichen „Rechtfertigung" des Gekreuzigten zu erzählen: Gott hat Jesus „befreit" (Ps 22,9); auf sein Schreien „gehört" (Ps 22,25; 31,23; 34,7.18.20f.23), ihn „aufgerichtet" (Ps 41,9.11), „gerettet" (Ps 86,17). Jesu Auferweckung ist aber mehr als die Rechtfertigung eines Gerechten, es ist die Erhöhung des Menschensohnes zur Rechten Gottes (Mk 14,62), die Bestätigung seiner eschatologischen Autorität (9,7).

Das „Evangelium der Urgemeinde" wird verkündigt, damit die Hörer an Jesus glauben, auf ihn hören. Auf ihn zu hören, ist freilich ein Lebensvorgang in seiner Gemeinde, seiner Kirche, die sein „Wort" in den umfassenden Sammlungen der kanonischen Evangelien verwahrt, die „das Evangelium der Urgemeinde" vorbereitet hatte. Seine Lektüre kann die Lektüre der kanonischen Evangelien vorbereiten, nicht ersetzen; deren Lektüre kann die Frage nach dem Weg Jesu wecken, auf dem nachzufolgen freilich nur in der Weggemeinschaft seiner Jüngergemeinde möglich ist, heute wie einst.

Rudolf Schnackenburg
Nachfolge Christi – heute

Antworten und Weisungen aus dem Neuen Testament

Band 595, 128 Seiten, 2. Auflage

Das Suchen nach dem Sinn des Lebens wächst, das Suchen nach Vorbild-Gestalten, an denen man sich orientieren kann. Unzweifelhaft darf man heute von einer Wiederentdeckung der Person Jesu sprechen. Die Herderbücherei hat darum den bekannten Würzburger Exegeten Rudolf Schnackenberg dafür gewonnen, ein Taschenbuch über Nachfolge Christi vorzulegen, das von einer biblischen Orientierung ausgeht.
Leben und Denken der Jünger Jesu und ihrer Glaubensgemeinde wird damit zu einem zuverlässigen Modell für die Nachfolge Christi heute. In einer faszinierenden Weise versteht es Rudolf Schnackenburg, die biblische Botschaft in den geistigen Horizont unserer Zeit hereinzuholen und ihre Wahrheiten für uns neu zu entdecken.

Würzburger Katholisches Sonntagsblatt

in der Herderbücherei